# マスク越しに見た
# パ・リーグ
# 最強の猛者たち

田村藤夫 著

ベースボール・マガジン社

# prologue
## プロローグ

私が現役捕手として過ごしたのは、1980年代後半から1990年代後半にかけてでした。パ・リーグでは西武が黄金期を迎えようとしていたころです。清原和博、秋山幸二、デストラーデらの強力打線と、郭泰源、工藤公康、渡辺久信ら錚々たる先発陣をそろえていました。その戦力の充実ぶりは目を見張るものがありました。

そして、守りの要には常に伊東勤がいました。高卒でプロ入りして、レギュラーをつかみ、西武黄金期とともに不動の捕手として活躍しました。森祇晶監督が目指す野球をきっちり体現した名捕手でした。

セ・リーグでは、野村克也監督が率いたヤクルトが常勝巨人に立ち向かうという図式にありました。ヤクルトには女性ファンも多く、人気球団としての存在を揺るぎないものにした、とても勢いのあるころでした。捕手の古田敦也はヤクルト投手陣ばかりか、打線も引っ張る存在でした。野村ＩＤ野球を代表する選手として、強肩強打の新しい捕手像を示し、脚光を浴びた姿は今もはっきり覚えています。

当時、私は心の中では伊東勤、古田敦也がうらやましかったという思いをずっと抱いていました。スポーツ新聞には野村監督から叱責される古田捕手の姿が、西武では盤石の投手陣を預かる伊東捕手に向けた森監督の冷静で妥協を許さないコメントが掲載されていました。

野村さん、森さんから細かい部分を指摘される2人が、本当に輝いて見えました。もちろん、本人たちからすれば、そんな生易しいものではなかったのかなとも思います。名捕手と言われた監督から直接教わる。最高の環境と言えるでしょう。もちろん、私も入団当初から日本ハムの担当コーチに捕手としての基本技術は教わりました。ですが、伊東捕手も古田捕手も公式戦であらゆる角度から分析され、日々緻密なリポートによって成長していくように私には映り、焦りに似た感情に包まれたものです。中でも配球にまつわる両監督の洞察力は素晴らしく、新聞紙面のコメントを読みながら、「監督とはそう考えるものか」と、自分にも学べるところはないか、いつもその中にヒントを探していました。

１９８０年代半ば、私が一軍で試合に出るようになったころ、野村さんは評論家として活躍されていました。その中で野村さんが評論解説の手法として確立された「野村スコープ」には大きな影響を受けました。

野村さんは1年に数度、日本ハム戦を解説されることがありました。そんな日、私はテレビ欄を必ずチェックして、解説に野村さんの名前を見つけると、忘れずに録画をして家を出ました。

当時、私はまだ免許がなく後楽園球場、のちの東京ドームから自宅の移動はタクシーでした。試合後、「野村スコープ」の日は、急いで自宅に向かいました。部屋の電気をつけ、すぐにビデオデッキを操作して、真っ先に再生した画面を、それこそ食い入るように見ました。「野村さんは、自分のリードについて何かコメントをしてくれていないか」。ただ、その思いだけでした。

自分のリードに対して野村さんがどう評価してくださるのか、最初はそれが知りたくて夢中で野村さんの解説に聞き入っていましたが、次第に野村さんの捕手としての観察力、洞察力の深さに気づかされました。

極端な表現で言うなれば、私はたった1人で公式戦という荒波に放り出されていたということです。担当コーチはいましたが、野村さん、森さんのような時代を作った名捕手というお手本はいなかったのが現実です。

その中で落合博満さん、門田博光さん、ブーマー、ブライアント……そして西武黄金時代の強打者たちとの勝負に明け暮れた日々です。毎日が無我夢中で、その打席をしのぐことで、精いっぱいでした。

しかし、野村さんの解説を聞くことで、次第に広い視野を持つことの大切さに気づかされます。打者の弱点を中心に攻める対打者という考え方から、投手の特長を生かす配球や、前打席の結果を踏まえた打席のつながりからの攻略法まで、野村さんの引き出しは実に多彩でした。

試合展開によっては、打席のバッターから後続打者まで含めた2人の打者で1つのアウトを取るべきなど、勝つための選択肢を本当に広い視野から教えていただきました。チームの勝利のために最善の1球を選択する。この奥深さを野村さんの解説で初めて知った。それが実感でした。

捕手として厳しいプロ野球界を生き抜くためには、何よりも守りでの基本スキルが必要になります。キャッチング、ブロッキング、スローイング、そしてリード。その個々のスキル一つひとつに細かい技術と対応力が求められます。

そうしたものを総合して、落合さんのような稀代の強打者と、勝つか負けるかの勝負をさせていただいたのは、パ・リーグを生きた捕手としてやりがいに満ちたプロ野球生活だったと感謝しています。

パ・リーグの強打者たちにたたきのめされながら、21年間のプロ野球生活を全うした捕手・田村藤夫の「マスク越しに見たパ・リーグ最強の猛者たち」をここにまとめ、読者の皆さんにプロ野球の醍醐味と、捕手の実像をお届けしたいと思います。

2024年7月

田村藤夫

CONTENTS

# マスク越しに見た パ・リーグ最強の猛者たち

田村藤夫 著

構成＝井上 眞
編集＝ベースボール・マガジン社
写真＝田村藤夫、ＢＢＭ、日刊スポーツ新聞社
校正＝中野聖己
装丁・デザイン＝イエロースパー

# 第1章

# 捕手の右手から
# すべては始まる

## 捕手というポジション

私には密かにずっと心の中に温めていた考えがあった。その考えは、奇遇にもエンゼルス時代に大谷翔平（ドジャース）が投手としてマウンドからピッチコムを使ってキャッチャーにサインを出す度に、私の中で強くなった。ピッチャーがサインを出して、ピッチングを組み立てていく。それはメジャーリーグの長い歴史の中では日常のことだった。

私は1978年（77年秋のドラフト）に日本ハムに6位指名で入団した。1年目からヤンキースに野球留学させていただいた。そこで、伝説の捕手ヨギ・ベラとも顔を合わす幸運に恵まれたが、一方で、捕手の明確な役割、立ち位置を知った。

当時のメジャーでは、捕手はほぼボールを受けるだけの存在だった。こういう表現は言葉足らずになる恐れを含むが、シンプルに表現すると、捕手とはボールを後ろに逸らさないためのいわゆる「壁」のような存在、使命を帯びていた。

私はそうしたメジャーの現実を見ても、特別な違和感を覚えなかった。なぜなら、まだ私の中に捕手としてプロで生き抜いていく確固たる自信も、自覚もなかった。メジャーの名門ヤンキースの一軍キャンプに参加させてもらい、本場の空気を感じるだけで、胸はいっぱいだった。

その原風景はいつも私の中にあった。その後、帰国してファームで研鑽を積み、やがて一軍へのチャンスをつかむ。幸運なことに、一軍正捕手の座を奪うことに成功した。その過程には多くの試練はあったが、それはどのプロ野球選手も同じであり、日本ハムの正捕手として、特別な訓練があったわけでも、特徴的な大活躍があったわけでもない。

大宮龍男さんという大きな存在と競争しながら、少しずつ出場試合数を増やし、ようやく85年からレギュラーとしてスタメンマスクを任されるようになった。そこから、私の捕手としての真の戦いが始まった。

プロ野球で捕手としてスタメンマスクをかぶるということは、試合を任されるということだった。メジャーで経験した「壁」という価値観から、正反対の重責を担い、私はパ・リーグがもっとも熱く、激しく、強かった時代を生きた。

# 忘れられない苦い記憶

日本では、まずキャッチャーがサインを出す。そこからバッテリーの作業は始まる。球審がプレーのコールをして、ピッチャーが投げて試合は始まると思われるファンの方は大勢いると思うが、厳密には違う。コールがかかり、最初のアクションは捕手のサインだ。それを受けてピッチャーが意思表示をして、試合は動いていく。

ここにメジャーとプロ野球の決定的な違いを心の中で私は感じながら、敗戦の辛酸と勝利の味に翻弄されながら、夢のようなプロ野球生活を全うさせてもらった。

ひとつの忘れられない苦い思い出がある。それはバッテリーの役割分担を如実に物語るものであり、ピッチャーの心情と、キャッチャーの逡巡（しゅんじゅん）が色濃く浮かび上がってくる。

1989年4月13日の西武―日本ハム戦。7回を終わって先発の西崎幸広は完全試合を継続していた。8回、先頭打者の清原和博を迎え、ファウルを挟み、カウント2―2と追い込んでからの1球。私はサインを出すまでの数秒で、ものすごく迷った。攻めるべきは外角。それには私も西崎も異論はなかった。

真っすぐかスライダーか、私は決断できずにいた。しかし、試合は動く。迷う気持ちに踏ん切りをつけるように私はスライダーのサインを出す。西崎の反応は、何とも言えないものだった。

サインを確認した西崎のマウンド上での表情、両肩から醸し出す雰囲気で、私は察した。「西崎は真っすぐを投げたいんだな」と。私は西崎の決め球のスライダーに懸けた。ストライクゾーンから、外角低めのボールゾーンへ曲げれば清原は捉えきれない。コースが良ければ空振りを、打たれたとしてもライトフライだ。

追い込まれた清原は真っすぐ待ちのはずだった。真っすぐ狙いのスライダー対応というスタンスでほぼ間違いない。それは西崎も分かっていたと思う。それでも、西崎のファーストチョイスは真っすぐだった。結果が出ている今となっては想像でしかないが、あの状況でアウトローへきっちりスライダーを制球する自信が西崎にどこまであったか。真っすぐ待ちと分かっていても、外角低めへ制球するイメージも自信もあったのだろう。

8回とはいえ、まだキレのある西崎の真っすぐが決まれば、いかに真っすぐ待ちの清原といえども、ヒットゾーンに運ぶ確率は低かった。その着眼点が西崎にあったのではないか。そう考えているのなら、真っすぐを投げたいだろうなと。

私は迷っていた。スライダーのサインを出し、外角にミットを構えながらも迷いを消せずにいた。清原は真っすぐ待ちのスライダー対応。その気配は感じつつ、真っすぐへの心残りはくすぶっていた。清原は真っすぐでなければ外角スライダーに比重をかけている。少しでも甘くなれば持っていかれる。打ち損じに一縷の望みをかけるような打者ではない。こっちが仕留めるか、完璧にスタンドに運ばれるか。生きるか死ぬかの大勝負だった。

一瞬のためらいの中で出したサインに、西崎はかすかな反応を示しただけで、首も振らずにスライダーを投げ込んできた。高めに甘く入ったスライダーを、清原は左中間スタンドに運んだ。

完全試合への夢は1球で砕かれた。たった1球で、事態が暗転するリードとなってしまった。スライダーが甘く曲がってくる刹那、私は思った。「この状況で清原相手にしっかりスライダーを制球するイメージが、西崎には描けなかった。それが俺には見えてなかった」。

試合後、西崎に声を掛けた。「悪かった」。西崎は勝負師だ。恨みつらみは一切言わない。私の言葉にちょっと表情は和らいだように見えた。「真っすぐでしたかね」。西崎の言葉に、私はすべてを知った。

迷っていた私の思いと、西崎の私のサインを待っていた思いは同じだったのだ。そして、二つに一つの選択として、私は西崎の思いとは逆のサインを出し、西崎は私を信頼して勝負して、打たれた。不思議な感覚のまま、こう口走っていた。「首、振れよ」。

▲バッテリーを組んだ中で印象深い投手の１人が西崎幸広（左）。抜群のマウンド度胸、負けん気の強さが魅力だった

私と西崎の間だけに通う感情だった。西崎は笑い、私も笑った。正捕手として自分の出すサインには確固たる根拠を常に持っていた。その私が、いかにエースとは言え、パーフェクトがかかった最重要局面で「俺のサインに首振れよ」と、思うに至るとは。

この1球が持つ意味を、私の生涯の記憶として明確に説明することができる。試合を組み立てるのは、まず最初に捕手のサインであり、失投だろうが、最高のボールだろうが、打たれた時の責任から捕手は決して目を背けられない。非情だが、その厳しさの中にこそ「壁」ではない、頭脳としての絶大なる責任がある。

そして、この責任と正面から向き合える捕手こそが、チームの守りの柱となり、唯一無二の存在になり得ると。

不思議なもので、抑えたことや、勝ったことなどの成功体験よりも、砂を噛むような悔しさの中にこそ、捕手としての誇りと、やりがいを感じる。

失敗こそが、成功への道標ということなのだ。失敗によって光が宿り、その灯台を目指して私は必死にサインを出した。決して決断から逃げずに選手生活を全うしたことは、私の大いなる誇りでもある。還暦を優に過ぎた今、この境地に至った。

## 捕手を育てるために指示を拒絶

１９９８年オフに私はユニフォームを脱いだ。そして日本ハムのバッテリーコーチとして古巣に戻っていた２００５年、「壁」ではないキャッチャーのアイデンティティーを貫くため、大きな試練に直面した。

当時はトレイ・ヒルマン監督が日本ハムを率いていた。ある日、ヒルマン監督に呼ばれた私はこう言われた。「ベンチからサインを出してくれないか」。私の記憶に、ヨギ・ベラを見て感激に浸りながらも、捕手の存在価値の低さを見たヤンキース留学時代の記憶が蘇った。

即座に返答した。「それはできません。キャッチャーは失敗することで学び、成長していくと私は考えています。私がサインを出してその場はしのげるかもしれませんが、それではいいキャッチャーは育ちません」。

その後、何度かヒルマン監督に同様の要請を受けたが、私は断り続けた。その後、ベンチからヒルマン監督が捕手にサインを出していた。うまくいくこともあったが、もちろん失敗することもあった。

翌シーズン、日本ハムのコーチ陣容に私の名前はなかった。そして、それはうすうす覚悟していたことだった。監督命令に従わなかった事実は重い。良くて配置転換、退団もあり得るとは感じていた。古巣を去ることも私には大きな出来事だったが、それ以上に鮮明に覚えている。捕手は壁ではない。試合を動かすグラウンドの司令塔であり、結果に責任を負い、リスクを背負う存在である。

球団を去ることにはなったが、ヒルマン監督の判断にあれこれ言う気持ちはなかった。それはメジャーリーグをこの目で見て、捕手の立ち位置を知っていたからだろう。仮に私がアメリカで生まれ、メジャーで捕手として生きたなら、壁としての価値観を受け入れていただろう。野球における日米の文化の違いとも言えるかもしれない。そうやって、ベースボールに親しんできたのはヒルマン監督だけではない。

ヒルマン監督も勝つために日本ハムの監督に就任したのであって、勝つためには捕手のサインが重要課題だったことは、実はヒルマン監督がもっとも深く理解していたのだろう。だから、私にサインを託そうとしたのだ。

ピッチャーが打者攻略の組み立てを担うメジャーと、プロ野球は決定的に違う。ヒルマン監督のもとで働き、そのことが実体験としてよく理解できた。

## マリナーズで直面した城島健司の苦悩

　メジャーとプロ野球の捕手の存在意義、言い換えれば地位の違いについて、私が思い描いていた考えが間違っていないと確信が持てた決定的なことがあった。

　それはダイエー時代にともに練習し、引退してバッテリーコーチになってからも多くの情報を共有してきた城島健司からマリナーズ時代の話を聞いたからだった。

　２０１０年のシーズン中、プロ野球に復帰した城島は、阪神のユニフォームに袖を通した。当時、私は中日のコーチを務めていた。ちょうど名古屋だったと記憶しているが、知人との会食で久しぶりに再会した。その時、同席していた知人には大変失礼なことをしたと思うが、城島と私は夢中になって日米での捕手の役割の違いについて意見を交わした。

　城島は日本人捕手として初めてメジャーに挑戦した。これは、ピッチャー、野手が挑戦することとは似て非なるものだった。まだアジア人、それも日本人のメジャーリーガーは珍しかった。捕手であればなおさらだった。

　城島は強肩強打の球界トップの捕手として海を渡った。ダイエー時代に工藤公康、武田一浩の薫陶を受け、彼らベテランに必死に食い下がり、ピッチングの組み立てを学んだ。

城島のキャッチングの甘さに怒りに震えた工藤がブルペンを2球で退室した時も、リードの意思疎通が図れず鬼の形相の武田にマウンドに呼び付けられた時も、城島は決して逃げなかった。工藤に追いすがり、試合後、ホテルの部屋に武田を訪ねて、学ぼうとした。

私はその姿を見てきた。そして、捕手のひとつの完成形として、ピッチャーとコミュニケーションを取り続ける城島の真摯な姿勢こそ、捕手のあるべき姿であると考えるようになった。

捕手の方から投手に歩み寄り、いい時も悪い時も言葉を交わし、投手の精神状態を把握し、重要局面で投手心理を知ろうとした。その妥協のない取り組みがあるからこそ、メジャーリーグでどんな活躍をするのか、どこまでメジャーのピッチャーを主導するのか、そこを誰よりも私は注目していた。

城島はプロの中のプロだ。環境や境遇にアゲインストの風が吹いていたとしても、それを捕手として成功しなかった理由にはしなかった。ただ、短い言葉の中に彼の心情は汲み取れた。

「もっとピッチャーをリードできると思っていました」

この言葉から推察すると、城島もメジャーの捕手の役割という現実に直面したことがうかがえる。もちろん、その背景には、海を渡ってきたアジア人にピッチングの組み立てを委ねるわけにはいかないというメジャーリーガーのプライド、意地も見え隠れする。

そこは城島が言葉をのみ込んだ以上、捕手だった私が思い描く以外にない。ボールを止めること、後ろに逸らさないことが求められ、勝負どころでのピッチングの組み立ては投手主体だったことはほぼ間違いない。

その目の前の現実に、城島はもがき、何とか信頼を得ようと腐心したのだろう。ただ1人、バッテリー間の中で孤独になった瞬間は一度や二度ではなかったはずだ。それでも、懸命にはい上がろうとした城島のチャレンジを思うと、掛ける言葉は見つからなかった。

私は願う。いつか球界を代表する捕手が再び海を渡り、レギュラーマスクを奪い、勝負どころでサインを出す姿が実現することを。そのプロセスにおいて、メジャーリーガーの信頼を勝ち取り、納得したピッチャーたちがプロ野球出身のキャッチャーのサインに信頼を寄せる日を楽しみにしている。

## 「外角真っすぐの見逃し三振」への思い

これまで1552試合でマスクをかぶってきた私の経験から、配球のひとつの理想的なアウトとして、外角真っすぐの見逃し三振に、特別な思いを抱いていた。それは、長年の実戦で培ったもので、捕手それぞれに価値観は違うと思うが、私は外角真っすぐでの見逃し三振にこそ、捕手としての達成感を得ていた。

いろんなパターンでの見逃し三振がある。大きく分けると、球種でも変化球か、真っすぐか、同じ真っすぐでも内角か、外角か。その中で私は外角真っすぐの見逃し三振に、特別な思いを持っていた。

順序立てて説明すると、変化球の見逃し三振というのはまああることだ。それは打者がボールを見極めようとした時、もしくは投手の変化球のキレが上回り、きっちりコースに決まった時は見逃すケースもある。

だが、追い込まれた打者は基本的には真っすぐ待ちの変化球対応というスタンスでいるため、変化球にはほぼほぼ手を出す。ゆえに、ファウルか、空振りになることが多く、見逃すのは、よほど投手の変化球がコースギリギリに決まらないと起きない現象だ。

では、真っすぐの見逃しとなると、これはある程度キャリアのあるレギュラークラスに出る傾向だ。というのは、それまでのバッテリーの追い込んでからの配球の傾向をつかんでいれば、変化球だけに狙いを絞って待てるからだ。これが若手選手になると、そうはいかない。真っすぐを見逃したとなると、ベンチに戻ってから怒られる。その恐怖心から若手、キャリアの浅い選手は真っすぐを見逃すことはなく、空振りが多いと感じる。

つまり、真っすぐを見逃し三振するのは、ある意味それが許される立場のレギュラー格と言い換えることができる。ならば、レギュラー格はどういうケースで真っすぐを見逃し三振するかというと、多くのケースは内角になる。

これは、ボールと判断することが多い。ある程度しっかりボールが見えていて、打者が「ボール！」と見極めた結果、ストライク判定されての見逃し三振ということだ。つまり、バッテリーに裏をかかれたというよりも、予想の中での真っすぐを見極めた結果として、判定が味方せずに見逃し三振してしまった。それが実体だと私は受け止めていた。

そして、外角真っすぐの見逃し三振だ。2ストライクに追い込み、最後の勝負球で、外角真っすぐが糸を引くように、ラインを出しながら私のミットに吸い込まれ、バッターの手が出ない時、私は心の中でガッツポーズをしていた。それは、打者の狙いを完全に外した証拠で、打者の意表をついた、裏をかいた、読みを上回ったといろんな表現ができるが、バッテリーとして「バッターとの駆け引きに勝った」ことを意味している。

バットを出して、それが打ち損じになってアウトになるのと、見逃して三振に終わるのではまるで意味が異なる。バットを出すというのは、変化球にしろ、真っすぐにしろ、打者が反応しているからだ。反応しているというのは、ある程度打者の思惑がバッテリーの狙いとかぶる部分があるから起こる現象と言える。

しかし、外角真っすぐの見逃し三振は、打者の頭になかった球種、コースをバッテリーが選択した証明と言える。はっきりと勝負がついたということだ。それも変化球ではなく、真っすぐを見逃したという事実は重い。

先述したが、レギュラークラスは真っすぐを捨てて、変化球に狙いを絞ることが許されるが、それは勝負であり、真っすぐを捨てたと考えた打者心理を捕手として読み切ったから、手が出せるはずの外角真っすぐを見送る、という打者の無反応につながるのだ。

野球では2ストライクを取られ、追い込まれた打者は、それまでとは打ち方が変わる。真っすぐのタイミングに合わせ、変化球ならばカットしてファウルで逃げ、追い込まれた時のバッティングとして粘り強く対応してくる。

その打者心理をよく理解した上で、最後は変化球で勝負に来ると感じさせる配球をしていくことで、打者の頭の中から真っすぐを少しずつ消していく。私としてはそのプロセスが大切で、追い込まれた打者が真っすぐへの比重を軽くしていくように仕向けるわけだ。

そうやって、最後は変化球で来るぞ、来るぞと見せかけ、外角真っすぐで打者から反応を奪う。この時の打者の心理的ダメージは大きい。私も打者として打席に立つので、外角真っすぐでの見逃し三振は、メンタル的に尾を引く。「ああ、やられたな」と。

そうなると、次の打席でもバッテリーが若干精神的に優位に立てる。外角真っすぐを見逃し三振に倒れたダメージが、必ず打席の中で頭をもたげてくるからだ。もっとも、レギュラー格になればなるほど、ここでの気持ちの切り替えも速い。いつまでも引きずらないからこそ、打率も長打も残せるからで、こちらとしては外角真っすぐの見逃し三振での余韻にいつまでも浸っているわけにはいかない。それを、いかに有効に使うか、捕手の頭は休まることはない。

言えることは、試合終盤の勝負のポイントを分けるピンチで、主力打者から外角真っすぐで見逃し三振を奪えば、それは一気に流れがこちらに向いてくる。バッテリーとしては、勝ち試合が見えてくる。私はそれほどの価値観を、外角真っすぐの見逃し三振に見出していた。

## 日米での価値観の違い

ヒルマン監督が私にサインを託そうとした事実、城島がマリナーズ投手陣と全幅の信頼を築けず、悔しさを胸にしまって帰国したこと。そんな現実を踏まえ、その上で、私は確信を持って言う。

試合の中で捕手が果たす役割の違いにこそ、日本プロ野球が、メジャーリーグよりも1歩先を歩いている証になると。ピッチャーがバッターを観察する目、バッターが何を狙っているのかを察知する感性、そうした才能はよく理解しているが、それを踏まえても捕手が壁で甘んじる理由にはならない。

ピッチャーの観察眼、感性、捕手の戦略、打者心理を探る探求心は、18・44メートルを隔てた中で議論すればいい。ピッチャーの思惑と、キャッチャーの作戦がぶつかった上で勝負してこそ、見応えのある一球一打の戦いがある。

捕手の能力不足はチーム成績に直結し、その捕手を使った監督の責任につながる。その厳しさの上で、優秀な捕手が育ち、その頭脳がピッチャーの力量と合わさり、バッテリーとしての総合力は高まっていく。「壁」としての捕手なのか、「頭脳」としてのダイヤモンドの要なのか。この違いは決定的だ。
日本はほぼ例外なく捕手の右手から試合は始まる。この違いはほんの小さなことではあるが、その細部に、捕手として試合を動かしていく日米球界の価値観の違いが存在する。それはプロ野球の正捕手を目指す選手みんなの共通目標、あこがれであってほしい。

捕手の右手からすべては始まる。

なんて誇らしいことか。そのやりがいを、皆さんにお伝えしたい。私が人生を捧げて取り組んできた捕手について、これまでの経験とそこから得た教訓を元に、各論に至るまで、すべてをお話ししたいと思う。

# 第2章

# ——生涯忘れない江夏豊さんの言葉

## 投手だった高校時代

私は自問自答する。

そもそも、捕手がリードを組み立てるのはなぜか？

投手に卓越した戦術と打者を観察する目があるのなら、投手の方がより多く打者を観察できる。リリースポイントからボールが離れる時、ピッチャーはミットを目がけて投げるが、同時に打者の反応も視界に入る。バットのヘッドがどう動き、体はどう反応するのか。正面から見るピッチャーこそが、打者の狙いを知ることができる。

私は高校時代に投手をしていた。高校とプロではレベルが雲泥の差であることを承知した上でも、自分の投球の軌道と、それに対応して動き出す打者のフォームのしなりは、何を狙っているのかを何となく察知することができる。

真っすぐに合わせるケースが多いが、それでも変化球にタイミングを合わせていれば、その思惑はバットの動きに現れる。逆に真っすぐがゾーンに決まっても、ぴくりともしなければ変化球待ちだったのではと考えることができた。

◀関東一高時代は四番でピッチャー。主将としてナインを引っ張った（本人提供）

▶当時は天然芝だった神宮球場で行われた東京大会開会式での1枚。先頭が著者（本人提供）

それがプロのピッチャーにもなれば、その観察眼は高校生とは比べるまでもない。ましてや、プロで何年も活躍してきたならば、何度も対戦した打者の特性は熟知している。試合状況で、何を狙っているのか、もしくはカモフラージュしながら駆け引きをしているのか。気配を嗅ぐことができるはずだ。

経験と観察によって、ピッチャーは多くの情報を得る。では、捕手はどうか。斜め下から打者を見上げるが、キャッチングに集中するため、打者の動きは視界に入るものの、具体的にグリップがどう動いたか、ヘッドのわずかな揺らぎまでの輪郭は感じても、細部までは把握できない。情報量は明らかにピッチャーに負けている。

勝てるものがあるとすれば、息遣いまで感じる距離感だけだろう。誰よりも近くで打者の空気に触れる。狙っていたボールだったのか、ミスショットしてその悔しさを悟られまいと淡々とするフリをしているのか。そういう気配は、近くにいるため、ピッチャーよりも多くを感じる。打者の動きなどの情報量ではピッチャーが勝り、息遣いなどの感覚的な部分では捕手が肉薄している。どちらにしても、捕手がリードを主導する絶対的な根拠となるだけのものは見つからない。

# 深く共感した野村克也さんの考え

私はプロ入りして数年経ったある時、柏原純一（日本ハムほか）さんに連れられて野村克也（南海ほか）さんのご自宅にお邪魔させていただいたことがあった。私にとって野村さんは話し掛けることもできない、面と向かって顔を見ることさえもできない存在だった。お会いできたことは大変光栄だったが、緊張のあまりほとんど話はできなかった。ただ、柏原さんと野球の話を尽きることもなく楽しそうに続ける野村さんのお話を、頷いたり、時折笑ったりしながら静かに聞き入るだけだった。

そこから、捕手としての私は常に野村さんの考え方から何かを学ぼうとしていた。野村さんの言葉の中に何かヒントがあるような気がして、新聞のコメントも読み、野村さんの思考に触れようとしていた。

後日、野村さんの言葉に深く共感した。それはこういう趣旨だった。なぜ捕手がピッチングを組み立てるのか。捕手はどうすれば打ち取れるかを考え、それはチームが勝つためのプロセスであると。

そしてピッチャーは能力の高さから、常にお山の大将的な存在で、まずは自分が投げたいボールで打者と勝負したがる。たとえそれが狙われているボールだろうとも、自信とプライドを優先して勝負しようとする。その気持ちがまず最初に来るのが投手という生きものだ。

対して、打ち取るために策をめぐらせるのが捕手だ。この関係は常に対照的である。磁石のプラスとマイナスという表現もされていた。一般的には勝負をはやる投手と、冷静に打者を観察して勝算の高いボールを選択する捕手。このコントラストに、両者の本質的な違いを見ることができる。

野村さんの考え方は、私がずっとおぼろげに思い描いていた思考を見事に体現してくれていた。なぜ、捕手がピッチングをリードするのか？　エースと言われる花形のピッチャーにこそ、縁の下の力持ちの捕手が必要なのだ。目立たずとも陰でピッチャーを支える捕手が不可欠で、この組み合わせによって最強のバッテリーが可能になる。

言ってみれば、ピッチャーは自分の限界に挑戦して、打たれてしまえば淡々と結果を受け入れる。しかし、捕手はそういうピッチャーの性質を踏まえた上で、時に鼓舞し、時に理論で説得しながら、勝つためのピッチングへいざなうのだ。

## 私の仮説と合致した武田一浩の答え

私は捕手としての力量を評価されて日本ハムに入団している。プロに入るとすぐにキャッチング、ブロッキング、スローイングを鍛えられ、同時に実戦で配球について学んだ。サインは捕手が出し、打った、抑えたという結果についてコーチ陣から結果を踏まえた上で多くの指摘を受けてきた。

そもそも、ピッチングの組み立てを捕手が担うんだという根底からの説明は受けたことがなかった。気が付けば、まず捕手からサインを出す、そういう習慣の中で捕手生活が始まり、最後までそこに何の疑問も持たずに選手生活を終えた。

そして今、捕手の役割を考えた時、もっとも根源的な部分を深く考えるようになった。その答えとして、もっとも確信を持って答えられるものは「すべての配球を投手が考えていては、投手の頭脳が持たない」ということだった。

私はその仮説が正しいか、以前に日本ハムで同僚だった武田一浩に質問したことがある。なぜ武田に聞いたのか。それは、武田は投手としては150キロ後半の真っすぐでバンバン三振を奪うタイプでも、シンカーやフォーク、チェンジアップのような必殺の決め球があるわけでもなかった。

その分、武田には無類の心臓の強さと、打者を観察する目があった。度胸の良さは大沢啓二監督時代に抑えを任されたところからも分かっていただけると思う。打者に打ち気がないと、ズバッとストライクが取れる。それでいて勝負どころでは繊細にコースを投げ分ける技術、対応力があった。

武田はダイエーに移籍した後、若い城島健司とバッテリーを組むことが多かった。まだまだ経験の浅い城島のサインに対して、武田はやや怒ったような雰囲気を漂わせながらマウンドに呼び付け、ピッチングの組み立てについてアドバイスをしていた。

そうした素養があった。武田は打者との駆け引きを考え、実践する技術を備えていた。その武田ならば、ピッチングについて他の投手よりも深く考えているはずだ。そして研究心が旺盛な武田ならば、捕手のサインに頼らずとも自分でピッチングを組み立てるだろうと。

武田の答えはシンプルだった。

「自分もピッチングを組み立てようと考えたことはありました。けど、できませんでした。勝負どころでは自分の考えを城島などに伝えたことはありましたが、それを全投球できるかって考えたら、とてもじゃないですが、できないなと。逆に言えば、勝負どころだからこそ、こちらの感性も研ぎ澄まされる。それが下位打線に対する時や、集中力が不足しがちな試合中盤などを含めて、全イニングでやろうとしたら、絶対に疲弊します。そうなると、肝心なところで集中力を欠きます。全投球を自分で組み立てるなんて、本当に大変なことですから」

同様に考えた投手はおそらく両リーグに何人もいただろう。でも、それが投手の定型のパフォーマンスとして定着しなかったのは、やはり負担が大きかったのだろうと想像できる。

その負担により、勝負どころで注意力が足りなければ本末転倒だ。だからこそ、日頃から投手と捕手はよくコミュニケーションを取りながら、理想は「あうんの呼吸」でピッチングが成り立つよう熟練されていなければならない。

捕手はそれぞれ投手の考え方や傾向をつかみ、投手の方は自身の特徴を捕手に把握されているんだと十分に信頼し、まず捕手のサインを初手として打者の攻略を進めていく。それがオーソドックスな考え方として、捕手が配球を主導する背景になると理解している。

## 江夏豊さんとの出会い

私は古田が野村さんから手ほどきを受けたように、あるいは、伊東が森さんから厳しく指導されたように、特定の誰かに捕手としての心構えや、配球の奥義を学んだことはない。

もちろん、入団直後から二軍でコーチの方にじっくり鍛えていただき、キャッチングとブロッキング、そしてスローイングの反復練習で強化していただいた。

ただし、試合の中で迷った時、古田にとっての野村さん、伊東にとっての森さんのような灯台とも言うべき明かりはなかった。自分で考え、先輩投手の方と勝負の中でもまれるしかなかった。ただひたすら、公式戦という戦いの場に放り込まれ、打たれて覚え、負けて心に刻んできた。その私も、この上なくありがたく、生涯決して忘れることができない大投手の教えに巡り合っている。

江夏豊さん（日本ハムほか）。プロ野球ファンならば誰もが知るプロ野球史上最高のピッチャーの1人だ。その実績はもはや説明はいらないだろう。伝説のエース左腕と言えば、江夏さんの名前は必ず挙がる。

正真正銘のエースの中のエースと、私は20代前半でバッテリーを組ませていただく幸運に恵まれた。もちろん、まだプロ４年目やそこらの捕手に、投球術を知り尽くした江夏さんとのバッテリーは、とてつもないプレッシャーだった。

その江夏さんと私はキャンプで同部屋となった。今の時代では考えられないほど、私は胃に穴が開いてしまうのではないか、というくらい毎日胃がきりきりした。かと言って、江夏さんは口うるさいわけでもない。物静かで、何かを言いつけられることもなかった。しかし、私からすればむしろ江夏さんに何か用事を言いつけられ、お使いで外出した方が気は楽だったかもしれない。なるべく部屋では同じ時間帯に一緒にいないようにしていた。

ただし、江夏さんは夜は出掛けていた。そうなると、私は江夏さんが帰ってくるまで眠れない。別に起きていろと言われたわけではないが、先に寝ているわけには絶対にいかないと感じ、疲れてはいたが、何とか寝ずに、江夏さんが戻るまで部屋で待っていた。

そういうことで、私は肉体的にも精神的にも疲弊していた。気持ちが休まることもなく、とてもじゃないが、バッテリー間の打ち合わせどころではなかった。その日、

その日、江夏さんに失礼がないよう、気を張り詰めて過ごすしかなかった。江夏さんとの同部屋というのは、体験した者でないと分かってもらえないと思う。それほど私にとっては大いなる試練だった。そして、それ以上の修羅場はブルペンにあった。

## 返球の恐怖を乗り越えた先に

当たり前のことだが、キャンプ中のブルペンでは江夏さんの投球を受けた。大変に名誉なことであり、全盛期を過ぎたとは言え、キレのある、正確無比な江夏さんのボールを受けるのは得難い経験だった。

そして、私はキャッチングについては何とか最低限の捕球はできていたと思う。だが、試練は返球にあった。投球を受けて返球する際、江夏さんの胸のあたり、直径30センチほどの円の中に返さなければ、江夏さんは捕球してくれなかった。

私は萎縮し、何度も返球を逸らした。返球の軌道が江夏さんの胸元を逸れていく。ボールが指先を離れた瞬間、反射的に体は硬直してしまう。微動だにしない江夏さんの横を走り抜け、転がるボールを拾う。すぐに無言の江夏さんに渡した。

そんな場面が何度あったことか。もう、それが恐怖であり、とてもじゃないが、何度あったか思い出すことなどできなかった。

あの時の恐ろしさは、今もありありと思い浮かべることができる。「ああ、俺はもう返球できなくなるかもしれない」。不安が胸の中に無限に広がり、腕が縮こまりそうになる恐怖に押しつぶされそうになる。その戦慄と闘いながら、懸命に江夏さんに返球した。

今で言うなら、イップスの前兆だったと思う。しかし、江夏さんは厳しくもあり、そしてどこか優しかった。まるで崖の下でもがく私に、黙って手を差し伸べてくれていたようにも感じた。

何が、と聞かれるとうまく表現できない。しかし、江夏さんはあらゆる面で至らない若造の私に対し、いろいろと理由を見つけて叱責するようなことはなかった。

私は失敗への恐怖にかられながらも、勇気を振り絞って必死に返球した。江夏さんは私が構えたミットに正確無比に投げ込んでくる。全力で投げる江夏さんが完璧に制球しているのだ。山なりのボールで返球できる私が、いかに重圧があるとは言え、大きな的に投げ返せないのは理屈に合わない。

無言の江夏さんに負けまいと、私は投げた。そして、ついに私の肘も、肩も縮こまることはなかった。キャンプ序盤の恐怖を、気がつけば克服していた。すると、私の中に小さな明かりが灯った。

あの江夏さんのボールをブルペンで受けている。大投手のボールを受けている。それも私が構えたところに、きっちり制球した抜群のキレのあるボールが吸い込まれてくる。これ以上の幸せはあるだろうか。

私は江夏さんが課したハードルを乗り越え、江夏さんのボールを受ける喜びをかみしめていた。返球の恐怖を乗り越えた私は、何かひとつ先に進んだ気持ちになった。

今思えば、江夏さんはもっとも基本的な部分で私に課題を与えてくれたのだろう。そうやって自信を植え付けてくださったのかもしれない。小さな自信が出て、私の捕手としてのやりがいは飛躍的に広がった。

江夏さんとは公式戦でもバッテリーを組ませていただいた。忘れられない場面は、そんな時期に生まれた。

１９８２年６月20日、川崎球場でのロッテ―日本ハム戦だったと記憶している。試合は４―１で勝利しているが、リードしていた８回裏、ロッテの攻撃だった。

マウンドには抑えの江夏さんがいる。そして先頭打者は落合博満さん（ロッテほか）だった。そのシーンが私の心に強烈に刻み込まれている。

カウントまでは覚えていないが、追い込むまでのどこかの場面だった。バッティングカウントだったと思う。私は内角に真っすぐを要求した。江夏さんは淡々と私のサインを確認して、いつものようにモーションを起こして、キレのあるボールを投げ込んできた。

今もはっきりと覚えている。私は内角ギリギリ、ストライクゾーンに構えていた。だが、江夏さんの真っすぐは、きっちりボール１個分、コースを外して私のミットに収まった。

衝撃を受けた。あろうことか、江夏さんが真っすぐでボール１個分も制球を間違えることはあり得ない。半個ずれることですら、１試合の中であっても１、２球。勝負どころでは絶対と言っていいほど、構えたところにきっちり制球されていた。

内角ギリギリに構えた私のミットを意図的に動かすようにボール球にしてきた。江夏さんのボールには、メッセージが込められていた。ストライクを要求して、うなるような快速球で空振りを奪ったのでも、打者を呆然と見送らせたボールでもなかった。江夏さんが明確にきっちり1個分だけずらした真っすぐが、私に衝撃を与えた。

そのイニング中、江夏さんの投げたボール球の軌道が頭から離れなかった。江夏さんは落合さんに四球を与え、続くバッターにヒットを許し無死一、二塁。しかし、後続を併殺打に仕留め、二死三塁から三振を奪って無失点に抑えた。攻守交代でベンチに戻ると、江夏さんはぼそっと短く、それでいて諭すように言ってくれた。

「あそこでストライクは通じないぞ」

捕手として、これ以上の経験はない。学ぶべきは打ち取った配球ではない。そのままでは打たれると知った大投手が、身を持って投げるべきコースを教えてくれた。私が構えたミットに、江夏さんが意思を込めた投球が、美しいラインを出しながら伸びてくる。その映像は私の中で色あせない。「違うぞ田村、そこは打たれる。正解はここだ、覚えておけ」。そこから先、いつも迷った時には、この場面がよみがえってくる。

私が構えたコースは本当に正解なのか。そこに根拠はあるのか。打者の狙いはお前に見えているのか。ただ、ストライクが欲しいだけじゃないのか。ピッチャーは納得しているのか。その1球に勝負が、人生が懸かっているんだぞと。

## 1球に込められた「無限の教え」

ギリギリの戦いでは、間違ったサインを出すこともザラにある。しかし、失敗も含めてリードだ、と初手から言い訳をチラつかせたサインなどあってはならない。必死にサインを決断し、その結果として打たれたところからすべては始まる。学べる捕手、考える捕手こそが、失敗を糧に階段を上ることができる。その覚悟があるから捕手はサインを出すのだ。私には野村さんも森さんもいなかった。

しかし、私は本当についていた。絶頂期は過ぎていたが、最後の江夏さんのボールを受けさせていただいたのだ。それも、江夏対落合という夢のような対戦に、私は立ち会い、そこでボール1個分のコースがどれだけ大切かを、肌で感じることができた。

江夏の21球。

プロ野球で生きた人間ならば、必ず触れる伝説だ。1979年11月4日、広島対近鉄の日本シリーズ第7戦。場面は広島が1点リードの9回裏、一死満塁で打者・石渡茂、カウントはワンストライク、ノーボール。2球目、捕手・水沼四郎のサインはカーブ。サインを確認した江夏さんはモーションを起こす。同時に三塁走者・藤瀬史朗がスタートを切る。

スクイズだ。江夏さんはカーブの握りのまま、リリースポイントの直前で死角になっていた三塁走者のスタートを視野に捉え、瞬時に外角へ大きく外す。考えられない対応力だ。同じことを真似しようとしても、真っすぐの握りですら至難の業だ。それを日本シリーズという究極の場面で、江夏さんは正確に外した。

広島はこのビッグプレーによって日本一への階段を駆け上がり、広島は悲願を果たした。江夏さんは研ぎ澄ました技術を持ち、修羅場をくぐり抜けて身に着けた度胸と、同じくらいの観察力を備えていた。稀代のストッパー。その集大成のプレーは、スクイズを外しボール球を投げることだった。

私はある日、こう感じた。空振りに仕留める剛速球もプロ野球のしびれる瞬間だが、江夏さんが打者の狙いを外してきっちりボール球を投げる姿にこそ、打者との勝負の神髄が詰まっているのではないかと。

渾身の力を込めて真っすぐで挑み、あとは結果を受け入れる。それもある意味、プロとしての覚悟かもしれない。しかし、江夏さんが身を持って教えてくれたのは、必勝を期した1球の重みだ。それも、ボール球の意味だ。その1球のボール球が、チームに勝利をもたらす。極意と言えるかもしれない。

私は江夏さんが投じた1球のボールの中に、無限の教えを見た。そのボールを受けたことを本当に誇らしく、この教えをしっかり後輩に伝えていきたい。

私はこの1球の持つ意味を、ついに引退するまで噛みしめながら現役生活を送った。この状況で、この打者を迎え、投手に出すサインはこれでいいのか。球種は？　コースは？　投手のメンタルは？　打者の狙いは？　限りない選択肢の中から私は根拠を探ってサインを出す。少なくとも捕手・田村として、ピッチングを組み立てる責任を全うした実体験から言わせていただく。

捕手こそがピッチングを組み立てる第一義的な責務を負う。それは名誉ある役目であり、リスクを取ってサインを出すことに、やりがいを感じてきた。江夏さんとのバッテリーを通して、真の駆け引きを学んだあの1球、私のかけがえのない財産だ。

# 第3章

## 難攻不落の大打者・落合博満

## サインを出したくても指が動かない

キャッチャーマスクをつけて、しゃがむ。右打席にはゆったりとバットを構える落合さんがいる。マスクのフレーム越しに見上げた落合さんからは、殺気など感じたことはない。常に穏やかで、静けさに近い雰囲気が漂う。しかし、サインを出して勝負を始める私の気持ちはいつも暗たんたるものだった。落合さんの「静」に引きずり込まれるように、私の中の「絶望」が顔をのぞかせる。

「どこを攻めればいいんだ……」

サインを出したくても、指が動かない。すべての球種、すべてのコースに対応されてしまう。そんな不安に苛まれていた。消極的な私の思惑が完璧に読まれている気がする。たとえ、初球見逃しでストライクが取れたとしても、逆にこちらが追い詰められていくような、そんな錯覚にさえ陥る。完全に落合さんの術中にはまっているようだった。

落合さんと駆け引きするというのは、それほど神経をすり減らし、へとへとになる。

私はその苦しさをどのパ・リーグの、どの捕手よりも感じたと言えるかもしれない。自分のプロ野球生活を振り返った時、落合さんとの対戦はずば抜けて強烈な印象を残す。しかし、何が、とあらためて自分の胸に問い掛けると、すぐには特定のシーンに絞り切ることができない。

「落合さんには常に打たれていた、全部打たれていた」

ありえないことだが、まず頭に浮かぶのは、徹底的に打たれたことだ。プロ野球の世界では、どんな強打者でも打率3割5分、6分のはずだが、落合さんにはあたかも10割近く打たれた印象しか残っていない。それほどの強打者だった。

今回、私はこの本を準備するために、パ・リーグの最強打者との対戦を思い起こそうと必死に記憶の糸をたどった。そこでまず、強打者と言われて反射的に思い出すのは落合さんだった。しかし、具体的なものが浮かばない。ここから、落合さんとの対戦を巡り、私の記憶との格闘が始まる。

評論家になってから、私の主戦場はファームだった。ファームの現場に足を運び、一軍を目指す若手選手の苦闘をリポートしてきた。そして、同時進行で落合さんとの思い出を何とか探ろうとしていた。いつも、イースタン・リーグの球場にいると、心の中に何かが引っかかるものが浮かんでいた。ただ、それが何なのか、なかなか実像が浮かんでこない。もやもやしたまま月日は過ぎていく。

そして、ファームで試合に見入っていた２０２３年の夏。突如として記憶がよみがえった。「何か引っかかるものはこれだったんだ」。不思議なもので、その鮮烈な落合さんとの初対面が40年の月日を隔てて、二軍の試合会場で目の前に広がってきた。

## 初対戦の二軍戦で感じた力の差

１９８０年6月7日、等々力第二球場。イースタン・リーグ、ロッテ―日本ハム戦だった。そう、入団3年目の私は、プロ2年目だった落合さんとファームで対戦していた。

同点で迎えた10回無死一塁で、私は川本智徳とのバッテリーで落合さんと対戦し、左翼へ8号サヨナラ2ランを打たれている。そして、その2ランによって落合さんは当時のイースタン・リーグ記録となる5試合連続本塁打を達成していた。

私はその試合で、先発マスクをかぶり、落合さんを打席に迎えた時、こう話し掛けたのを覚えている。「今日ホームラン打てば新記録ですね」。すると落合さんは表情も変えずに静かに「そうだな」と答えた。そのシーンだけ、私は辛うじて記憶していた。打ったボールも、左翼スタンドに消えた弾道も覚えていない。しかし、私は落合さんの非凡な打撃力と、その気配をしっかり記憶にとどめていた。

あの時、一軍のレベルを知らなかった当時の私だったが、落合さんの突出した技術には、ただただ圧倒された。この世界、上には上がいるものだと。こんな技術を持ったバッターがファームにいるのかと。そして、この人はすぐに一軍に昇格して、強打者としての階段を一気に上っていくのだろうなと。その勘は当たった。いや、私の読みが正確だったと自画自賛している場合ではなかったのだ。

1985年、落合さんは2度目の三冠王に輝く。それも、打率3割6分7厘、本塁打52本、打点146点。当時はまだ130試合制で、その中での本塁打数、打点は驚異的な数字だ。各部門で最高レベルの数字を残し、圧倒的な打力を証明して有言実行で三冠王のタイトルを奪った。

翌86年も、他を寄せ付けない異次元のレベルで打ちまくる。打率3割6分、本塁打50本、打点116点で、堂々の2年連続三冠王。球界トップの強打者として、落合さんの実力は誰もが認めるところとなった。そして、日本ハムの正捕手を奪っていた私は、その落合さんから容赦ない洗礼を浴びる。85年、落合さんは日本ハム戦で実に打率3割4分4厘、12本塁打を放ち、34打点を挙げている。86年も打率3割6分、8本塁打、18打点。この年も打たれに打たれた。「あの時、等々力第二球場での予感は当たってしまった」。成す術もなく打ち込まれる中、私は落合さんの攻略法を考え、眠れぬ夜を過ごしていた。

落合さんは特別だった。他のバッターとは決定的に違う技術を体得していた。そのレベルの高さが、常に私に「どこに投げても打たれる」という疑心暗鬼を与え、その恐怖が私に覆いかぶさってきた。

## 「左足」に惑わされるな

落合さんにしかできない、誰も真似できない技術とは何か？

打たれて学んだ私の経験から、言えることがある。落合さんは左足を三塁側にスパイク1足分ほど引く。この表現は難しい。誤解されないために、詳しく言葉を添えて説明するならば、「開く」ということではない。落合さんの打撃フォームは決して開いてはいなかった。そこだけは念を押して申し上げておく。

西武の秋山幸二、清原和博も左足のつま先は、厳密に言えば打つ瞬間、投手方向に真っすぐに向く。そして、左足の位置はバッターボックスの中で軸足の右足とほぼ平行に移動している。落合さんは左足を三塁側に1足分ほど引いていた。私は当初、左足の動きに惑わされ、「開いているのか？」と感じたことがあった。しかし、実際は開いてはいなかった。インパクトの瞬間、つま先は投手方向を向いており、左膝も開いてはいなかった。落合さん独特の打ち方だった。

他の右の強打者たちに比べると、落合さんは左足を大きく三塁側に引いていたが、左膝も左腰も左肩もきっちり残っていた。つまり重心は右足に残ったままだった。だが、捕手として観察していた私からすれば、左足をアウトステップし、上半身も開いているものとばかりに思っていた。であれば、内角が苦手だから開いて対応しようとしているのだろうと、直感的にそう受けとめていた。

それだけに、落合さんの打撃フォームの驚異を知った時の衝撃は、今もはっきり覚えている。左膝が開くから、外角は届かないと考え、外角を攻めるが、いとも簡単に打たれる。それが、落合さんのバッティングの神髄だった。

パ・リーグ全盛期の右の強打者は星の数ほどいた。その誰しもが、アウトステップしたら外角は届かない。ゆえに、落合さんのフォームの秘密を知るまで、私はアウトステップしていると思い込み、判で押したように外角を攻めた。だが、アウトローいっぱいのボールに落合さんのバットは届く。「なぜだ？」とその謎を考え、打席の落合さんを観察して、ようやく見えてきたのが、左足を引いてはいるが、開いていないという事実だった。左膝、腰、肩もきっちり残っているから、バットはちゃんと届く。シンプルに考えて、非常に理にかなったことで、右足に重心が残った落合さんは、あの独特なフォームで難なく外角球に対応していたのだ。

落合さんを攻略するには、左足の動きに惑わされてはダメなんだと気づくまで、かなりの時間を要した。しかし、だ。その打てる要因、秘密を知ったところで、対策は思い付かなかった。

内角が苦手だから左足を引くのかと言えば、落合さんは違った。内角が好きと言えばそれはニュアンスが少し違う。得意と言えるほどではないが、当時は強打者には厳しい内角攻めは付き物だった。その対策として、死球を回避する意味合いもあったと理解している。

落合さんの内角打ちは本当に見事だった。まず、真ん中内寄りのボールは、あっさり右に運ばれてしまう。それも、単打されるのならまだしも、落合さんはスタンドに運んでしまう。これは、バッテリーからすれば絶望的とも言うべき突出した技術だった。では、真ん中内寄りよりもさらに厳しくボール気味に内角を攻めれば、どうなるか？　すると、左足を引いている分だけ、きっちり対応されてしまう。それも、左腕のたたみ方が芸術的にうまかった。

よく「左腕をうまくたたんで打てました」というバッターのコメントを聞くことがあるが、落合さんの左腕のたたみ方は、常人では真似ができない高等技術だった。まず、左脇を開けてバットをコントロールする空間をつくる。左肩の関節も柔らかいのだろう。阪急の怪人ブーマーもそうだったが、左の脇を開けることで、長いバットの芯を、ボール気味の内角球に正確にミートさせている。左脇、左肘、左肩、この3箇所が滑らかに連動するからこそ、落合さんは厳しい内角球をバットの芯で捉えて左翼へ運ぶ。ファウルにならないあの弾道を、何度呆然と見送ったことだろう。

落合さんが最高の右打者ということに異論がある方はいないだろう。その偉大さゆえに、私もここまであらゆる角度から落合さんのバッティングについて考えたことはなかった。最強打者としての存在感が突出し、分析するまでもなかったからというのもある。ただ、深く考えれば考えるだけ、そう言えば……という場面がよみがえってくる。無意識のうちに、私は球場で目にする落合さんを、必死に観察していたのだ。

私の印象からすると、落合さんはボールを打つ瞬間、ボールの中心部分のやや下を正確に捉えていた。ここから先は、まさに感覚的な話になるが、ボールの中心から、およそ5ミリから1センチに満たないくらい、わずかに下をたたいていた。

ホームランを打つには、打球角度が必要になる。それは、ここ数年来言われてきたフライボール革命でも明らかになっている。その理論を落合さんははるか以前から実践していた。そして、こうした技術は王貞治さん（巨人）、野村さん、そして門田博光さん（南海ほか）など、歴代のホームランバッターはみんな心得ていたはずだ。

落合さんがその技術を実践していたと私が確信を持てたのは、試合前の練習風景を見ていたからだった。ティーバッティングで、落合さんは真上に打球を上げていた。計ったかのように、ほぼ垂直に打ち上げていた。5～6メートルは高く上がっていたと思う。次々と正確に打ち上げていた。アッパースイングで打ち上げるのではない。

シートノックで、ノッカーは最後にキャッチャーフライを打ち上げるが、その時は意図的にアッパースイングで打つが、落合さんのティーバッティングは違った。

ほぼレベルスイングに近かった。ただ、ボールの中心のわずか下を捉える。そうすると、ボールにはものすごいスピンがかかり、ほぼ真上に上がっていく。厳密に言えば、80度くらいの角度だったと思う。いつも落合さんはその感触を確かめるように、何度も何度もボールを捉えるポイントをチェックしていた。私にはその練習の意図は理解できた。

左足を三塁側に引きながら、それでいて外角に届かせる打撃フォーム。内角球をきっちりフェアゾーンに運ぶ技術。そして、この打球角度をつける職人技とも言うべきミリ単位のミート力があるからこそ打てるのだと理解はできた。だが、ではどう抑えるか、と考えると答えは見えなかった。打てる秘密と、抑える策はまったくの別物だった。

## 常人には真似のできない独自の練習法

ここでどうしても野球ファンの皆さんにお伝えしたいことがある。それは落合さんの独特な打撃練習だった。

　選手の間では有名な話だったが、落合さんのバッティング練習は異彩を放っていた。私は直接見たことはなかったが、当時のロッテの選手間では話題になっていた。落合さんは春先に極秘の練習をしていた。室内練習場やドームテントの中でこもってやっていた。落合さんが意図的に隠したかったのか、集中したいからなるべく人目につかないようにやっていたのか、そこは確認したことがないのではっきりしない。その内容が、落合さんがやるからこそ、常人には決して真似のできない、神秘のベールに包まれていた。


　室内練習場でバッティングマシンをマウンド付近に設置する。落合さんはキャッチャーのポジションに立つ。それもマウンドに向かって正対する。マシンは右投手のカーブに設定し、作動させる。

　自分の体に向かってくるカーブを、落合さんは三塁側へ払うように打っていた。私はそんな練習は今までに聞いたことはなかった。さらにある年は上半身裸で、スライディングパンツだけでこの練習をしていた。その時は旧知のカメラマンに「絶対に打球を当てないから。俺を信じてくれ」と言って、カーブを三塁方向へ払う時の打撃フォームを連続写真で撮影してもらい、現像してもらった写真を細かくチェックして、体の動きを納得するまで確認していたという。

こうした練習法を聞いた時、恐らくバットの出どころを確認するためにやっていたのかなと感じたが、それはあくまでも私の主観による感想だ。この練習の存在を知り、取材した記者によると以下の狙いがあったのでは、という見解を聞かせてくれた。

①いつでも振り出せるように早めにトップの位置を作り、可能な限りボールを引きつけてさばく。
②そのために、右肘をたたみインパクトでそれを押し込む打ち方を身につける。
③いわゆる払い打ちの形になることで、振り出しがコンパクトでフォロースルーが大きくなる。

ちなみにこの練習に挑戦した高沢秀昭さんや愛甲猛は、カーブを空振りして、ボールが体を直撃したのを当時の担当記者が目撃していたということだった。

こうした練習法を部分的に聞くと、ますます落合さんは特別な自分なりの感覚を大切にしていたんだと感じる。常にバッティングを理論立てて考えており、その理論を実践するための根拠として一つひとつの技術を確立していたのだと思う。特筆すべき内角打ちも、こうした研ぎ澄まされた感覚を磨いたからこその技術だったのだろう。

ちなみに、私はこの練習法にトライしたことはない。やろうとも思わなかった。体に向かってくるカーブを払うなど、到底できないだろうと想像できた。バットが空を切れば、ボールは体を直撃する。変化球のカーブといえども、硬球だ。その痛さは死球やブロッキングで身を持って知っている。とてもチャレンジしようという気持ちにはならなかった。それに、その練習がどれほど高度なことなのかは想像はできた。寸分違わずカーブにタイミングを合わせなければならない。それもカーブを目で捉える角度が打席で見るのと、まるで違う。正面から向かってくるカーブを正確にミートするイメージが湧かなかった。

バッティングを突き詰めた往年の名選手の独自練習はよく聞いたが、千差万別だった。王さんがされていた日本刀を使った練習は経験があった。私がロッテに移籍した当時、GMの広岡達朗さんが取り入れた練習で、日本刀で藁を切った。最初は切れなかったが、何度かやっていくうちに刀を入れる角度が分かるようになり、少しは切れるようになった。

　しかし、王さんはぶら下げた紙の短冊をスパッと切っていたのだ。藁とぶら下げた紙の短冊では難易度は比べものにならない。とてもじゃないが、私にはできないと感じた。同じように、落合さんの練習法も、練習の狙い、実践する高度な技術、恐ろしいほどの集中力、そのすべてが極限の練習法だったと今も感じる。決して常人の練習法としてはお勧めはできないと、ここでお伝えしておきたい。

## 三冠王の攻略法はどこにあるのか？

　私は他の打者に対して攻めたように、落合さんの内角も厳しく攻めた。すると、穏やかな口調で「ぶつけるなよ」とつぶやく。私は「はい」と答えるしかない。こういう時、私の頭の中は次の１球をどうすべきかで、意識が飛びそうなほど混乱していた。

　ぶつけないように再び内角を攻めたとしても、真ん中内寄りのボールならば、右翼スタンドに運ばれる。かと言って再び厳しくボール球で懐を深く攻め切ったとしても、残像がある落合さんは、芸術的な左半身の連動によって左翼スタンドに持っていく。では外角は、と言えばこれも左膝、左腰、左肩が残っているので届く。運良く右翼スタンドに運ばれずとも、長打になる可能性は極めて高かった。もはや、右前への単打ならば、抑えた部類に入るのではと錯覚してしまうほどの難解な局面だった。かつ、選球眼もいい。ボール球はきっちり見極められ、打ち損じなどは毛頭期待できなかった。つまり、常に打つ手なしなのだ。

緩急をつけるとか、ピッチングに幅を持たせるとか、高低で攻めるとか、厳しく内角で体を起こすとか、死球もいとわず内角だけを攻め抜くとか、あらゆる選択肢を考えたが、85年、86年の落合さんに対しては、攻略法は見つけられなかった。

85年は1試合2発を3度喫した。4月28日の試合では第2打席で左翼へ3ラン、第5打席で右翼へ3ランと、レフトとライトへ打ち分けられ、6打点を献上している。シーズンを通して満塁本塁打はなかったが、3ラン5本、2ラン4本、ソロ3本。走者を置いた場面では、ことごとく手痛い一発を浴びた。左翼へ6本、右翼へ6本。川崎球場で7本、後楽園で3本、盛岡球場で2本。満遍なく打たれた。

先述したように、対策を施しようにも、どうすればいいのか正直分からなかった。それでも打率は3割4分4厘。残りの6割以上は抑えているのだが、抑えた記憶はいくら考えてもついに最後までよみがえらなかった。おそらく、落差のあるフォークは空振りをしていたと思う。スライダーも外角にいっぱいに決まれば、落合さんと言えども手が出なかったはずだし、カーブも同様だったと思う。

当時、まだ真っすぐとチェンジアップの組み合わせはそれほど多くはなかったので、緩急となれば、真っすぐとカーブだった。タイミングを外された落合さんの打席も見ていたはずだ。


冷静に考えれば、バッテリーとバッターの対戦においては、3割打てばバッターは高評価を受けた。となれば、およそ7割は凡退しており、バッテリーが打ち取っている。それが落合さんの打席を思い起こすと、「全部打たれていた」という印象しかよみがえってこない。いかに、打者としてバッテリーに恐怖心を与えていたか、ということだろう。打たれるべくして打たれた打席が、濃い記憶として残るから、私はいつもその幻影に脅かされていた。こうした心理に至った時点で、落合さんがかなりの部分で優位に立っていたと思う。打席で対戦する以前に、落合さんの術中にはまっていたのだろう。

私の中では、対戦したバッターで、紛れもない最強バッターだった。仮に、1点リードの9回裏、一死満塁だとして考えた時、もっとも迎えたくないバッターを、過去から現在に至るまで想像した時、それは落合博満さんであると即答できる。

## 衝撃だった強打者たちの打球音

パ・リーグの猛者たちは、ものすごいスイングをしていた。「ブンッ」。バットが風を切る音もすさまじいが、さらに驚かされたのは、ボールが砕けたと思うほどの衝撃音だった。特に、ブーマー（阪急ほか）、ブライアント（近鉄ほか）、デストラーデ（西武）らの打球音は、ボールが破裂したと錯覚させる迫力があった。

そんな中で、落合さんの打球音は、それほどでもなかった。落合さんは右足にぐーっと体重を乗せ、他の打者よりも少し早く準備をしている。それだけテークバックもしっかり取っていた。それでいて、ミートまでが速い。最短距離でバットが出てくる。それも、ヘッドが利いた理想的なスイング軌道だった。

テークバックは大きく、ミートの瞬間に最大限の出力でボールを捉える。そして、フォロースルーはやはり小さかった。今のバッターで言うなら、ソフトバンクの柳田悠岐や、レッドソックスの吉田正尚のような、豪快なスイングとは一線を画していた。

キャッチャーの目線から感じた落合さんのスイングは、フルスイングではなかったように思った。渾身の力を込めてスイングする、いわゆる「マン振り」とは全然違う。

ミートの瞬間だけ、下半身の力を含めてパワーを１点に集中して打つ。その一瞬だけであって、それ以外は、ゆったりとしていた。そのメリハリこそが、落合さんのリズムだったように感じる。

しかし、打球は確実に飛ぶ。川崎球場と言えば、狭いという印象を受けるファンの方も多いと思うが、落合さんの打球はその川崎球場の中段から上にまで飛んでいた。静かにバットを軌道に乗せ、ヘッドをフルに利かせながらのバットコントロールだ。打球角度をつけるため、ボールの中心のわずか下を正確無比に打ち、打球を上げていた。左翼、右翼へ飛んでいく弾道を目で追う時、「あぁ、中段か……」と絶望の思いで見送ったことは何十回もあった。

落合さんの打席からは力んだスイングはほとんど感じたことはなかった。言うなれば、飛距離を求めるような意図は見えなかったということだ。極端な言い方をすれば、後楽園にせよ、川崎球場にせよ、ライトスタンド、レフトスタンドのフェンスを越えればいいと考えていたのではないか。カブレラ（西武ほか）や、ブライアントのように１６０メートル弾などはそもそも念頭になかったと思う。１４０メートル飛ばそうが、95メートル飛ばそうが、同じフェンス越えだと。深層心理ではそう達観していたのかもしれない。

落合さんにとって大切だったのは、ミートの一瞬で、そこでフェンスを越すパワーをボールに伝えれば、あとは理にかなった飛距離と弾道が実現できた。そのための打撃フォームであり、バッテリーの考えを予測する読む力だったんだと思う。

## なぜファウルにならないのか

私は現役を引退し、中日では落合さんの元でコーチも務めた。2019年をもって指導者としてもユニフォームを脱ぎ、プロ野球から離れた今、私は何度も何度も落合さんのフォームを映像で確認して、そのずば抜けた打撃力を見つめ直してみた。

内角をフェアゾーンに運ぶ技術的な裏付け、そして、それでいて外角にもバットが届く強靭な下半身の力。さらに打球に角度をつけるために、数ミリ単位で打球を打ち上げる技術。そのどれを取っても、見事と言うほかない。

そんな最強バッターと私は真剣勝負の中に身を置けたことを心から誇りに思う。そして、あらためて落合さんのすごみを考えた時、胸に去来するのは内角球への対応だった。ボール1個半、明らかなボール球を打ってしまう。そこにはすべての技術が凝縮されているのだ。ボール球に合わせて、長いバットを巧みに操作し、バットの芯を体の近くに持ってきて、完璧にミートする。バットのヘッドを最大限に利かせ、フェアゾーンに運ぶ。それもスタンドに。

やはり、私が落合さんの打球を思い起こす時、真っ先に思い浮かべるのは、ボール1個半外れた内角球を、スタンドに持っていくあの弾道なのだ。「なぜファウルにならないんだ」。脱力感と、敗北感で染まった意識の中、スタンドに伸びていく軌跡は目に焼き付いている。落合博満を体現する技術だった。

散々打たれた。顔を見るのも嫌なバッターだ。だが、今はあのバッティングを、誰よりも近くで体感できたことを、いつまでも胸に刻んでいたい。

# 第4章

# なんでもありの パ・リーグ最強時代

# 命懸けのプレー

月日が経てば、日本プロ野球のルールも進化していく。予告先発はもはや日常になり、リクエスト制度は普通になじみ、この先、延長戦でのタイブレーク導入も議題に挙がる時代に入った。

ルール改正はプロ野球界にとってポジティブなものだと私は考えている。それは、1980年代から90年代にかけて、今では想像もつかない激しいパ・リーグ最強時代を生きた私だから、骨身に染みてそう感じるのだ。

何も「あの時、今のルールだったらなぁ」などと嘆こうと言うのではない。むしろ、あの激しく、痛い思いをしながら、こうしてルール改正によっていい方向に変わっていくことを実感している。思い切って選手たちがプレーできるように、これからも球界はファンのために、そして選手のためにという視点で、より良い改革を進めていってほしい。

そうした着眼点の一助となるよう、私が経験した「なんでもありのパ・リーグ最強時代」として、その一部をご紹介したい。ただ、これはあくまでも実際に私が経験したことを紹介するもので、誰かを批判するためのものではないことは、最初にお伝えしておきたい。

私のパ・リーグ最強時代とは、落合博満さん、門田博光さん、清原和博、秋山幸二、デストラーデ、ブーマーらとの真剣勝負であり、そして常勝西武との熾烈な戦いと要約できた。

それは打席でバッターとして戦うばかりではなかった。１９８９年4月26日、東京ドームでの日本ハム―西武戦だった。なかなか昔の場面は思い出せないのだが、このシーンだけは新聞紙面に残っていたので、しっかり思い出すことができた。

二塁走者だった清原は単打でホームに突っ込んできた。私はホームをブロックしてこれを阻止しようとした。今はコリジョンルールによって捕手がホームをブロックすることは禁止されている。ランナーの走路に立ってはいけないのだが、当時は何の制約もなかった。

まだ若い清原も必死だ。タイミングとしてはアウトだったが、１８８センチ、１０4キロの巨体で突っ込んできた。私はボールを捕球していたが、まともに清原の体当たりを浴びた。ホームの手前で清原と衝突し、清原の体は宙に飛んだ。私は押しつぶされるように地面にたたきつけられ、ミットからボールがこぼれた。この瞬間は、連続写真で翌日の日刊スポーツ新聞に掲載されたので、清原と私の位置関係とボールがどこにあったのかは一目瞭然だった。

フラフラと立ち上がった私はボールを見失っていた。日本ハムベンチから「タッチしろ、タッチしろ」と大声で指示が飛んでいた。ホームベース近くに転がっていたボールを拾い、同じように倒れ込んでいた清原にタッチした。判定は「セーフ」だった。清原の体は宙に飛んで、ホームベースを飛び越えていた。ホームを踏んでいない。触ってもいない。ボールインプレーで私はタッチしたが、判定はセーフ。その試合、この1点で日本ハムは負けた。

いろんな意味で堪えた瞬間だった。タイミングは明らかにアウトだ。しかし、清原からすれば、突っ込むしかない。それはそうだ。当時はそれが当たり前だった。体当たりして捕手がボールをこぼすかもしれない。ボールをこぼし、先にホームを踏めば得点が認められるのだ。

チームの勝利のために、清原でなくとも同じケースでは捕手に体当たりをする。それがある意味セオリーであり、走者は突っ込むしかない。そして、捕手は送球を受ける刹那、この逃れられない状況で覚悟するしかなかった。「やられる!」と。

送球のタイミングが際どければ受け身も取れない。何とか大ケガだけはしないように、そしてボールを死守しようと、それだけを考えて身構える。捕手にはそれしかできなかった。

ただ、厳密に言えば走路にいる以上、衝突はやむを得ないとも言えた。ルールでそう認められていたのだ。今のように走路妨害を防ぐための措置などはない。そしてホームをブロックする役目を負う捕手は、その捨て身の体当たりを避ける術はない。捕手は災難だ。いや、災難どころではない。打ちどころが悪ければ、選手生命が終わってしまう。

しかも、その大ケガスレスレの命懸けのプレーは、テレビ的には見栄えがいい。ナレーターのライトな語り口を添えて、効果音で衝突音を演出すると、プロ野球ファンには格好の名場面となった。それを待ち望む空気も感じたくらいだ。

さらに、私が内心ムッとしたことがあった。西武の春季キャンプで「殺人スライディング特訓」とも言うべき練習を、ユーモラスにメディアが番組で伝えていた。きちんと背景を説明しておくが、もちろん、西武球団が悪いわけではない。現に体当たり

日本ハム2-1近鉄
9回表近鉄二死一、二塁、新井の一塁線を破る二塁打で一塁走者・谷は同点のホームを狙うも好返球でタッチアウトでゲームセット。雄たけびをあげる田村藤夫捕手（28歳）。球審前川（右）＝1988年6月30日（日刊スポーツ新聞社）

で試合の勝敗が分かれることもあった。ルールに則って、その可能性があるなら、クロスプレーでの対策を取る。そういうスタンスなのだろう。

それは理解しているが、こちらとしては穏やかな気持ちではいられない。ユニフォームが破れてもいいように、野手はスライディングパンツを履き、ラグビーのタックル用のサンドバッグ状のマットめがけて、楽しそうにスライディングや体当たりをしている。笑い声も映像には入っていた。

正直な気持ちで表現するなら「お前がキャッチャーのプロテクターを着けてホームに立ってみろ。どれだけ危ないか、分かるはずだ」と言いたかった。それでも、明らかにアウトのタイミングですら、ホームで走者の体当たりを受けるしかない捕手のつらさは、同じ捕手にしか分からないだろう。空しさの混じったやや達観した気持ちしかなかった。

このクロスプレーで敗れた翌日、試合前の練習中に清原が私のもとを訪れてきた。どうしたのかなと思っていると、清原はこう言った。「田村さん、すいませんでした。もう、二度としません」。

私は驚いた。それを言いにわざわざ来るとは。恐らく西武ベンチも見ていたはずだ。

正当と言えば正当な体当たりだったが、相手チームの捕手に衆人環視の中で謝る清原の行動が衝撃だった。

「なんだよ、どうしたんだよ」と問い掛けると、清原はつらそうな表情を浮かべて「体中が痛いです」とつぶやいた。

走者ですら、恐怖があり、体を痛める精いっぱいのプレーなのだ。危険すぎる。私は被害者という思いでいたが、捕手にぶつかってセーフをもぎ取るしかない走者も、ある意味同じつらさを持っていたのだろう。それから、際どいクロスプレーでも、清原から危険なタックル、体当たりは受けたことはない。

## 怪人のラリアット

清原の体当たりは、翌日の謝罪もあり、どことなく昭和の時代を感じさせる感傷的な余韻があったが、そうはいかないのが容赦ない外国人選手だった。

当時のパ・リーグには、恐ろしい破壊力を秘めた外国人選手はゴロゴロいたが、私が戦慄を覚えたのは阪急の怪人・ブーマーだった。ブーマーの体当たり、というより、ラリアットについては私の中ではそれがいつだったのか思い出したくもないほどの恐怖体験になってしまった。

こうして文字に起こせば、読者の方も大変な時代だなと思いつつ、ひっ迫感は幾分薄れるかもしれない。だが、私からすればあの恐怖は味わったものにしか分からない、命の危険すら感じる限界を超えるプレーだった。

清原の時と同じように、二塁走者だったブーマーが、ヒットで突っ込んでくる。私は送球を受ける準備をしながら、必死で視野にブーマーを捉えようとしていた。ブーマーは2メートルの巨漢である。

読者の皆さんも想像してもらいたい。それこそ軽自動車がこちらに向かって突進してくる、大げさではなくそれほどの恐怖だった。しかし、ホームを守らなければならない。ホームをブロックしなければいけない時代だった。

ブーマーは、私の顔面に右腕か左腕か分からないが、ラリアットを食らわせてきた。その瞬間、若干意識が飛びそうなまま、私は吹き飛ばされた。吹き飛ばされたのは、私の体だけではなかった。前歯が1本、空中を舞った。紛れもない衝突だ。いや、ほとんど事故と言ってもいいくらいの衝撃だった。もうボールをどう守ったのか、ボールをこぼしていたのか、覚えていない。恐らく、これもセーフだったのだろう。

前歯は球審が拾ってくれて、私に手渡してくれた。それを持ってベンチに戻り、応急処置だけ受けてまた試合に戻った。翌日歯医者で治療を受けたが、大変な仕事だと痛感した。前歯で済んで良かったと思えばいいのか、これでは体が持たないと、どこかに訴えたい気持ちすらあった。

ブーマーは清原のように翌日あいさつに来ることもない。こちらもそんなことを期待すらしていない。同じシチュエーションになったら、何の迷いもなく突っ込んできて、再び強烈なラリアットを浴びせてくるだろう。

私には、ブーマーから浴びたラリアットがホームクロスプレーで受けた最大の危険なプレーだった。あれ以上の恐怖体験はない。幸運にも、私は大ケガをすることもなく、体当たり全盛のパ・リーグを生き抜くことができた。単に運が良かったと言うほかない。

私の知らないところで、クロスプレーが元で選手生命が終わった捕手もいると思う。現に私が知る範囲でも膝を複雑骨折した捕手がいた。そうした深刻な事情を知るだけに、乱闘と同じで、ホームのクロスプレーで笑いが起きるメディアの露出の仕方には、ついに最後まで前向きに受け止めることはできなかった。

## 1試合2度の乱闘劇

ホームでのクロスプレーですら私には命の危険があったのだが、当時は乱闘も珍しくはなかった。この乱闘は多くは死球が引き金になることが多かった。つまり、内角攻めが伏線にあったのだ。

主力打者、助っ人外国人への内角攻めは、いつも紛争の温床になっていた。しかし、内角を厳しく攻めることはバッテリーからすれば、絶対だった。打者が内角球を恐れず踏み込まれては、圧倒的にバッテリーが不利だった。

捕手として、乱闘の予兆を常に感じつつそれでも内角を攻めた。私は何度も乱闘を経験しているが、殴った殴られたよりも、乱闘に至るプロセスで投手と信頼関係を築いたことが、大切なやりとりとして記憶に残っている。

まず、乱闘に至るまでの若手投手とのやりとりからご紹介したい。当時、私は30歳を過ぎ、一方で日本ハム投手陣は若いスタッフでチームの層を厚くしていった。となると、どちらかと言えば口下手な私は、若手投手とのコミュニケーションに苦労することになる。

どう話し掛ければいいか、どんな言葉を掛ければいいのか、いつもそんなことばかり考えていた。こちらが黙っていては、当然向こうから話し掛けてくることはない。きっかけは私から切り出すしかない。

特に会話の必要性を感じていたのが高卒入団の芝草宇宙だった。甲子園で活躍して女性人気も高く、注目の若手投手だった。

私とは10歳も違う。プロでは1年でも年上ならば敬語が絶対で、それが10歳も年上になると、なかなか話す機会が見つけられない。とうとう私から芝草に切り出した。くだけた話題から野球に持っていけば良かったかもしれないが、私は核心から切り出した。

練習の合間だったと思う。芝草に声を掛ける。案の定、芝草の顔に緊張が走る。そりゃそうだろうと思いながら、もっとも伝えたいことをそのまま投げかけた。「もっと内角を攻めろよ」。こわばった表情の芝草は「はい」とだけ答え、微動だにしない。

このままでは、ただの説教に近い一方的な会話で終わってしまう。それではいけない。なぜ内角が必要なのか、それは芝草も分かっているはずだ。でも、思い切って攻められない。その理由を私は何となく理解していた。

黙ったまま立ち尽くす芝草に、私は言い方を柔らかくと心の中でつぶやきながら続けた。「内角を攻めて、仮にぶつけてしまったら、俺が行ってやる。思い切って来いよ」。相変わらず芝草は固まったままだった。しかし、緊張に染まった顔に、サッと違うものがよぎった。予想しなかった私の言葉に驚いたような、こんなことをこの人は言うのか、と戸惑うような、複雑な顔つきに一瞬なった。「はい」とまた返事をするが、返事をした直後、少しだけ笑ったように見えた。普段は見せない私の意外な一面を知って、これまでのような上下関係だけのやりとりから、少しだけ離れた感じがした。

私の勘違いかもしれない。そう思いたかったから、芝草の顔つきがそう見えただけの錯覚かもしれない。ただ、私が掛けた言葉の意味は、芝草も理解したはずだ。それだけ、捕手と投手との信頼関係の根幹をなす言葉だったと、今も確信を持てる。「俺が行ってやる」。捕手が投手に掛ける言葉の中では、もっとも核心をつく。これは捕手の宿命であるが、打者が死球や厳しい内角球に怒って乱闘になる時、真っ先に投手の壁になるのが捕手の役割だ。ここで体を張れない捕手は、投手からの信頼を得ることはできない。

プロ野球ファンの皆さんなら、数ある乱闘シーンを思い起こせば分かっていただけると思う。捕手は激高した打者がマウンドに向かおうとする時、前に立ちふさがるか、乱闘の口火を切るか、その多くはどちらかだ。

もちろん、芝草にそう言った手前、私にも有言実行するだけの根拠はあった。これも自分で言うことではないのだが、説明をしないと読者の皆さんには分かっていただけないと思うので、補足だけさせていただく。

89年、ダイエーにはアップショーというかなり腕っぷしが強いバッターがいた。というか、80年代後半から90年代にかけてパ・リーグの助っ人は、ほぼほぼ乱闘大歓迎の強者ばかりだった。

89年10月3日、東京ドームでのダイエー戦だった。先発した左腕の西村基史が、左バッターのアップショーの背中に死球を与えた。1～2秒ほどの間を置いて、アップショーはマウンドの西村へ向かって突進した。私は出遅れた。マスクを脱ぎ捨ててアップショーを追う。西村はセンター方向へ全速力で逃げていく。

ショート・田中幸雄も、セカンド・白井一幸も止められない。ああいう展開になると、向かってくる巨体の外国人にタックルして止めるのは至難の業だ。逃げる西村と、猛ダッシュで追い掛けるアップショー。私も必死で追いすがった。ついにセカンド後方でアップショーが西村に追いつき飛び掛かった直後、私はやっと追い付き、アップショーの背中にこちらも飛びつき、西村から引き剥がそうとした。

これは動画として残っており、私も先日確認してみたが、なかなかの距離を猛ダッシュしていた。この後、両軍ベンチから選手が加わり、集団の中で私も西村も、もみくちゃになっていた。今思うと、よく手や腕を踏まれずケガをしなかったと思うほど、激しかった。

翌日だったと思う。アップショーの同僚のバナザードが私にスペイン語で話し掛けてきた。彼は陽気だ。ただし、怒ると手がつけられないが、普段は明るくて、いいヤツだった。バナザードは私に「いいファイトだったぞ」と笑いながら話し掛けてきた。雰囲気で私も分かったので「プロテクターつけて走ると疲れるんだよ」と応じた。

ちなみに、西村には乱闘後にベンチでこう言った。「お前、あんなに遠くまで行くなよ。追い掛けるの大変なんだぞ」と。さらに付け加えるなら、その同じ試合で、金沢次男さんの内角球に激高した藤本博史と、それを制した私がホームベース付近で言い合いになり、乱闘になった。西村の死球で、両チームは一触即発状態だった。「怒るほどのボールじゃないだろ」と私が藤本をにらむ。当時はまだヒゲがなかった藤本も私の言葉に熱くなり、瞬く間に大乱闘に。気がつけば集団の一番下でもみくちゃになっていた。1試合で2度、大乱闘を経験していた。

乱闘など、選手生命を脅かす危険な行為でしかないし、それでファンの皆さんが大喜びしているとは思っていない。本来はプレーそのもので熱い攻防をお見せするものだと理解している。

ただし、いざとなったらチームのために、投手のために体を張るんだという姿勢を示していたことは、私にとっては有形無形の強みとも言えた。

当時まだ20歳前半で、まだまだ若い芝草に、「いざという時は俺が行ってやる」と掛けた言葉は、決して美辞麗句ではないと、芝草は感じてくれたのではないか。そこから、右腕の芝草は左打者の内角ばかりか、右打者の内角も厳しく攻めるようになった。もともとコントロールは良かった。それでも、助っ人外国人には厳しく内角を攻めるのは勇気がいる。その境界線を覚悟を持って乗り越えた芝草は、先発スタッフとして、中継ぎとして、なくてはならない投手に成長していった。

## 伝説のスピーカー直撃弾

ここまで、どちらかと言えば荒々しいエピソードで、パ・リーグ最強時代を生きた私のキャリアをご紹介してきたが、パ・リーグの猛者にはこんなスーパーな外国人もいた秀逸の出来事をお伝えしたい。

ある日の東京ドーム。試合前の練習中でのことだった。外野にベテラン陣がそろった。角盈男さん、大島康徳さん、そして若菜嘉晴さんが自然と集まり、のんびりと雑談をしていた。

試合前にリラックスしていて、フリーバッティングの打球音が響き、私たちはその打球を見ながらたわいもない話をしていた。誰かがフライを打ち上げ、何の気なしに、みんなの視線が天井に向いた。その先に大型スピーカーがあった。

「なあ、あんな高いところにあるスピーカーにぶつけるバッターなんていないだろう」

「あれは無理ですね」

「アハハハハ」

そんな会話だった。

本当に不思議な巡り合わせなのだが、そんなくだけた冗談から、正夢のような出来事が起きてしまうのだ。それは、1990年6月6日、日本ハム—近鉄戦でのことだった。4回表、無死走者なし。左打席にはブライアントが立っていた。

角さんの4球目、外角低めのスライダーを、ブライアントのバットが捉えた。これまで私は聞いたことがない衝撃音で、一瞬、私の耳は聞こえなくなった。打球音というよりも、硬球が破裂したような、ものすごい音だった。ボールが砕けたのかと思ったが、違った。

打球は、人間が打ったとは思えない軌道を描きながら、真っすぐに東京ドームの外野の天井をめがけ、ロケットのように加速しながら伸びていく。「これは?」と思った瞬間、「ゴーン」と音がして、ボールが跳ねた。スピーカーに衝突したのだ。

事態を把握できなかった。なぜボールが方向を変えるんだと、最初は理解できなかった。そして驚異の打球の顚末を知った。スピーカーを直撃したと。その高さ地上43メートル。東京ドームの特別ルールが認定され、史上初の認定ホームランとなった。ちなみに、この天井からつり下げられた大型スピーカーは、2016年に撤去され、この特別ルールはなくなってしまった。文字通りの伝説のホームランだった。

こんなことが起こり得るのか。打たれた角さんも「ホームラン？」と言いながら、私の方を向いてあぜんとした表情を浮かべていた。私も信じられない面持ちだった。例えようがないが、サヨナラホームランを打たれたとしても、あれほどの衝撃は受けないだろう。推定飛距離１７０メートルの超特大弾として、ブライアントの東京ドームスピーカー直撃弾は、伝説となった。

誰も経験ができない場面に遭遇したのだという感慨に浸った。これは私が生きている間には誰も経験できないだろうと。二度とない衝撃の現場に立ち会った、本当に不思議な気持ちだった。

## 捕手は「陳情受付係」

私のパ・リーグ最強時代のエピソードは超人的な強打者との戦いの連続だったが、ここからご紹介するのは、少し毛色の変わった話だ。

もしかすると、パ・リーグの選手に対しては、ファンの皆さんは気難しくて、怖い、近寄りがたいと感じていたかもしれない。確かに、勝負の世界にいたため、常に敵味方に分かれており、気安く話すことはなかった。よほど、地縁血縁でもなければ、親しくする機会は本当に少なかった。

私は以前、ロッテ戦でヒットを放って出塁した際、一塁を守っていた落合さんに「内角打つのうまいな」と言っていただき、塁上で「ありがとうございます」と言ったきりそのまま動けなかったことがあった。敵チームと話すことも、また年上の選手と会話することも、ほとんどなかった。


それが、私が捕手として出場を続けるうちに、実に多くの〝陳情〟を受けるようになったのだから面白い。その発端となったのが、ドカベン香川（伸行）だった。2歳年下で、高卒捕手として、私よりも早く一軍に出場していた。

捕手同士というのは、敵味方であっても、打席では軽い会話はした。先輩捕手ならばしっかりあいさつを怠らないし、年齢が近ければ多少はくだけた短い会話ができた。そして、そんなあいさつ程度の会話をしていることは、ほとんど表に出ることはなかった。まあ、話題に上らなかったから、誰も知らないのは無理もない話だろう。

巨体を揺すって打席に入る香川には、どことなく親近感を持てた。あいさつ以上の話をすることが続き、ある日、打席に迎えた香川に向かって、私は冗談っぽく言った。

「しっかり打てよ。ライト前ならアウトだからな」と。

つまり、しっかり引っ張れと。ライト前では、足が遅い香川はライトゴロの可能性が高かった。まあ、別にヒントを与えたわけではないが、打つならセンターよりも左方向へ強く打てよというヒントなのか、香川を惑わすためのひっかけなのか、判然としない、それでいて和ますような会話になった。

その打席、香川はたまたま左翼へヒットを打って出塁した。今度は私の番だ。打席に入ると香川に言った。「頼むぞ」と。何を頼むと言うわけでもない。ただ、でためにに言ってみただけだ。香川が何と言うか、楽しみでもあった。

すると香川は「田村さんは足も速いし、真っすぐにも強いから、ミックスで」という返答だった。つまり、何もヒントはない、ということだった。私は「何だよ、しょうがないなあ」と苦笑いでバットを構えた。まあ、そんな取り立てて何の意味もない会話で、私たちはほんの一時の息抜きをしていたものだ。

それが、シーズン終盤になると、とたんに〝陳情〟が入るようになる。これが厄介だった。今となっては実名を出しても何の差し障りもないから明記するが、近鉄の大石大二郎（当時は第二朗）さんと、同級生のロッテの西村徳文の盗塁王争いだった。

87年、結果としては両者ともに41個で盗塁王を分け合うのだが、近鉄戦になれば、大石さんに「頼むぞ」と言われ、ロッテ戦では西村に「頼むよ〜」とお願いされた。その2人の「頼む」は、なかなかハードルが高かった。つまり、自分には盗塁をさせてくれよ。でも、ライバルの盗塁は絶対に刺してくれよという意味合いだった。なかなかの要求だ。

私は大石さんには「分かりました」と答え、西村には「分かった、分かった」と応じた。ただし、そこは西村と同級生だったことは、私の深層心理に効いていたかもしれない。実際に西村の盗塁に対して、私が送球で手心を加えたわけではないが、必死な西村の姿は印象に残った。

すると、次の近鉄戦では、大石さんから再び「おい、田村、本当に頼むぞぉ〜」と言われ、私はなお一層声を張って「はい！」と返事するしかなかった。タイトルがかかった時のプロ野球は本当に熾烈だ。

その真っただ中にいるのが捕手だけに、あからさまに誰かの味方をすることはできない。かと言って、当事者は必死だから、何とかこちらの心証を良くしようと、会話を仕掛けてくる。とにかく、その対応が大変だった。先輩に対しては失礼にならないよう、また、期待させるような表現は厳に慎んだ。

幸いなことにタイトル争いでは、盗塁王でも、首位打者争い、本塁打、打点と、打者部門で私の配球なり、送球でややこしくなったことはなく、そこはある程度フェアに徹して現役を終えることができたとほっとしている。

最後に、打席ではっきりと狙い球を宣言する楽しいバッターがいた。パンチ佐藤（和弘）。本当にユニークで、記憶に残るバッターだった。

実は、彼は真っすぐに弱かった。代打の切り札という立場で、真っすぐに弱いというのは致命的とも思えるのだが、それでも結果を残して一軍で出場を続けていたのだから大したものだ。

そのパンチは打席に入るなり「田村さん、こんにちは。よろしくお願いします。カーブ、スライダーでお願いします」と、きっちり球種までリクエストしてきた。そうなると、こちらもパンチのペースに飲まれてしまい「しっかり打てよ」と、答えるしかない。

実際に、カーブ、スライダーを投げ、パンチがそれを仕留めたか、もう覚えていないが、代打としては1本のヒットが現役続行か、戦力外かの分かれ道になるのだから、明るく「カーブ、スライダーでお願いします」は、心の底からのリクエストだったと思う。

捕手とは、打者が探りを入れたり、懐柔したりできる唯一のポジションだった。私は決して冗舌ではなかったが、それでも、真剣勝負の中にいろんなやりとりがあったことは、捕手ならではの得難い思い出だ。

仏頂面で、一切会話もしないような捕手では味気ない。野村さんのように、ささやき戦術はできずとも、バリバリの主力から、生き残りをかけた一軍枠スレスレの選手まで、気持ちの機微に触れることができた。

そうしたワンシーンも、捕手としての実像の一端を物語ってくれる。それをこうして、記録として残せることも、私にとっては非常に幸運だったと感謝している。

# 第5章

# 田村流キャッチング論

## 男・村田球審からの言葉

捕手のスキルとして、私はキャッチングがもっとも大切だと考えている。これまでの野球人生、それは捕手人生と言ってもいいと思うが、その経験から、キャッチングが捕手の根幹を成すと信じて疑わない。

野球を経験したことがある方ならば、私の言わんとすることはご理解いただけると思うが、キャッチングはもっとも基本的なスキルでありながら、とても奥が深い。ボールを受けることがキャッチングだが、この一見すると単純な動きの中に、複雑で高い技術が凝縮されている。

投手のボールを、ミットで止めればそれがキャッチング、ということではない。その目的は大きく2つある。まず、投手が信頼して全力で投げられる技術がなければならない。そして2つ目は、それこそプロのキャッチャーでなければあまり深く考えることはないかもしれないが、球審が判定しやすくボールを受けることだ。

前者の投手が投げやすいためのキャッチングの解説は後回しにするとして、まずは2つ目の理由について触れたい。私がこの視点を知ったのは、単純明快に名審判と言われた方のひと言だった。審判の中でも絶対的な存在感を放った村田康一さんに、そのものズバリを言われたためだった。

私がレギュラーで試合に出始めたころ。球審が村田さんだった。私はいつものように試合開始の前に村田さんにあいさつした。すると、村田さんは「田村、しっかりボールを見せてくれ」と言われた。

その言葉が私には鮮烈だった。球審は正確にジャッジしたい。確かにその通りなのだが、それは球審の役割であって、捕手のキャッチングが関係するとは、それまで考えたこともなかった。

私はただひたすらしっかりと受けることだけを考えていた。だが、球審はストライクかボールかを判定しなければならない。そのためにはボールのコース、そして高低をきっちり見極めたい。そのために、キャッチングが重要なのだ。

ミットが下がってしまったり、受けた直後にミットがアウトコースやインコースに流れてしまっては、球審も無意識のうちに迷いが生じるのだろう。

ミットが下がるというのは、ボールを受けた直後に、マウンド方向に手の平が向いていた左手が、下を向いてしまうことを指す。ミットが下を向くと言えばイメージしやすいか。

そうなると、ミットの中のボールの位置は、審判からはまったく想像できなくなる。ミットがしっかり前を向いていて、初めて審判はボールの軌道から判定がしやすくなる、そういうことだった。

ボールがホームベースを通過するその一瞬、球審がきっちり見極めるため、キャッチングが安定していることが理想なのだ。ミットが動かない、真っすぐだろうが、変化球だろうが、まずは捕手が球筋を把握していると球審に思わせるキャッチングが、コース、高低を見定める上で大切なことなのだ。

多少私の思いを込めた表現をするならば、ストライク、ボールの判定は、球審と捕手の共同作業という側面もあるように感じられた。村田さんの「しっかり見せてくれ」の言葉は、試合を正確に裁く審判から託された捕手の責任のように感じ、私は引退するまで決して村田さんの言葉を忘れなかった。

## 球審との心理戦

もう少し具体的に説明すると、後ろでジャッジする球審を理解している捕手と、そこまで気が回らない捕手では、かなりの差が生まれる。聞いた話では、球審がもっとも見づらいのは真ん中低めだった。上から見下ろすことになり、高低の判断が難しいのだろう。

試合の中で、例えばストライクゾーンギリギリのボールも、捕手と球審とでは、見方は変わる。試合展開、局面の差もあるだろう。まだ試合の正念場でないのに、目先のひとつのストライク、ひとつのアウトが欲しいばかりに、捕手が本能的に「外れているかな？」と感じるボールを、ミットを動かしてストライク判定にいざなうようでは、球審との真の信頼関係は生まれない。

あわよくばストライクに取ってもらおうと、ミットをわずかにゾーンへ動かすことで、球審は捕手のキャッチングに欺瞞（ぎまん）を抱く。そうなると、歯車は悪い方へ動き出す。本当にここが肝心要の１球で、喉から手が出るほど欲しいストライクがボールと判定されてしまうことがある。

プロ野球ファンの方なら理解していただけると思うが、ルールではストライクゾーンは決まっているが、機械的に判定されるものではない。極端な言い方をすれば、厳密には外れていても、球審がストライクと言えばそれはストライクだ。そして逆もまたしかり。ゾーンに入っていても、ボールと言われたらそこまでだ。

ボールはボール判定でいい。惜しくてもボールは、ボールと判定されることがフェアということで、その「しっかりフェアにボールを見せる」という捕手と球審との信頼感が、試合のクライマックス、勝負を決める1球に生きてくると、私はそう考えていた。

そして、プロの世界では、ど真ん中をボールとジャッジされることはほとんどなく、きっちりゾーンに入っているボールはほぼ正確に判定される。そして、際どいコース、高低がどちらに判定されるか、そこが捕手の腕の見せどころなのだ。

ここぞ、という時に、いわば球審と捕手の信頼関係が味方になる瞬間があるということだ。それは1試合の中で1球でもあれば、それはとてつもなく大きなこと。それこそが、目に見えない女房役としての真骨頂だ。

それまでは、惜しいボールをストライクと判定されずとも、試合の正念場で自信満々に堂々と捕手がキャッチングをすれば、球審に向かって大きなメッセージを送ることができる。

「どうですか？　いいコースに決まりましたよ」。ミットをピクリとも動かさず、背中から気迫をみなぎらせれば、きっと球審には届くはずだ。私はそう思いながらゾーンを外れたボールは外れたなりに、しっかり球審が見やすいようにと心掛けていた。

だから私は試合が始まる時、まず球審にあいさつをして、コミュニケーションを図る。これは誰しもがやっていたことだ。そして、序盤に「どうですか？」と聞いた。私のキャッチングが見やすいか、球審に声を掛けて自分の技術を確認した。

こうした流れが、自然と毎試合のルーティンになると、球審もさり気なく思ったことを口にしてくれるようになる。ある日、どの球審の方だったか、もう思い出せないが「今日はどうですか？」と言葉を掛けた時、「お前が一番見やすいな」と言っていただいたことがあった。

これは、捕手にしか分からない何とも言えないうれしい言葉だ。私のキャッチングが正確な判定の一助になっている。そのわずかばかりの関係性は、いざという時に使うのだ。その「ここぞの時の１球」で、アピールできる権利を得たようなものだ。

もちろん、勝負どころでもボール球をストライクと判定してもらうように欺くことはできない。ただ、審判の心理に訴えるのだ。ギリギリの、これはストライク、ボール、どちらでもいい１球を、「ストライク！」と言ってもらえるように、球審に無言のアピールをする。

球審が私にいい心証を感じている時は、心の中で追い風を受けながらキャッチングができる。難しいのは、向かい風の時だ。ボールはボール判定でいい。しかし、これはストライクと判定してほしい1球が、ボールと言われた時、私はこうしていた。

年上の審判の方ならば、「ボール」とコールされた直後、右後方をわずかに見上げるように、マスク越しに球審の顔をちらっと見る。そして、意図的に驚いた表情をマスクの中で作り、すぐに「お願いしますよ〜」と、わざと明るく、少し砕けた感じで、ひと言だけ添えた。


これが、微妙に球審の心理に働いた。決して「ストライクでしょ」などと言葉には出さず、砕けた感じで驚くフリをする。このさじ加減が大切だ。これを間違えると、捕手と球審に対立の構図が生まれる。そこに細心の注意を払い続けていくうちに、ある日の試合の同じシーンで、球審の方から言われた。

「田村、あんまり振り向くなよ。まるで俺が間違っているように思われるだろ」と、背中越しに言われた。それも、口調に怒気などなく、むしろ距離を詰めてくるような印象だった。となると、ほんのわずかだけ、こっちが有利とまでは言わないが、やりやすくなる。

日ごろから球審との関係性を維持してきた私が振り向くと、同じ球審仲間や、球界関係者が「あれ、田村のあの様子だと、際どかったのか?」と思うようになる。球審も人の子だ。周囲にそう思われたくない心理が働く。球審もきわどい1球だと分かっているのだ。そこで、捕手と球審が衝突せず、ギリギリのところで、無言のキャッチボールをしている。

「あんまり振り向くなよ」は、「田村の気持ちは分かっているから、今のは我慢してくれ」と受け取れなくもない。ちょっとした心の中の貸し借りに近いかもしれない。際どい判定に異議を唱えても、試合は続く。球審のジャッジは試合が決着するまで、バッテリーにはいわば神の声なのだ。

野球は細かい技術、心理が勝負に影響するが、このキャッチングにおける捕手と球審の何とも言えない関係性も、プロ野球にしか存在しないであろう。

繊細で心の機微がもろに影響する局面と言える。

# キャッチングの基本

プロ野球では球審とどう向き合いながら、試合を組み立てていくか、そこを抜きには決して語れない。その上で、大原則としてのキャッチングの技術ということになる。何のために技術に裏打ちされたキャッチングが必要になるのか。それを考えた時、球審に見やすくと同列で考えるくらい大切なのが、投手が投げやすいか、ということになる。

投手が投げやすいキャッチングとは、来たボールをしっかり受けること。先述したように、ボールの勢いに負けて、ミットが下がり、両サイドに流れてしまっては、投手の全力投球が無駄になる。

ベース板で最高の出力が出るように、投手は自分のフォームを磨き上げ、最大限に集中してその１球を投げる。その意気込みを受け止めるように、ミットの芯できっちり受ける。

ボールの終着点はミットの中だ。投じたボールは、狙ったベース板を通過し、ミットに吸い込まれ、初めてその１球は成立する。

私はまず、右投手ならば右打者のアウトローをしっかり受けることに取り組んだ。投手はブルペンでピッチングを始める時、最初に右打者のアウトローから投げ始めることが多かったからだ。

これはアウトローがピッチングの基本と言われるように、打者から遠く、長打を浴びる確率が一番低いとされているからだろう。そして、そこに制球できるようになると、投球の幅は広がる。逆に、ここでストライクが欲しい時、アウトローへの精度が低い投手ほど、実戦では苦しむ。

左投手も左打者のアウトローが基本になる。そこで思い出すのが、江夏さんだ。この本の第2章でも触れたが、江夏さんの制球は私が捕手として受けた中で、理想とする精度だった。

その江夏さんは、必ず右打者のアウトローから投げ始めていた。そこが他の左投手と違った。江夏さんにその理由を伺ったことはないが、試合でバッテリーを組ませていただいて、私なりに解釈している。江夏さんは、右打者のアウトローをもっとも大切にしていた。

あれだけの制球力があってもなお、ピッチングの基本は右打者のアウトローだった。私は江夏さんのボールをブルペンで受けながら、まず、アウトローからしっかり受けるようにならなければ、と意識を高めたことを今もはっきりと覚えている。

わざわざ確認することではないが、手順としてまず、キャッチングの基本は、ボールの軌道をいち早く読み、そのコースへミットを素早く動かす。捕球した瞬間、ミットは動かさない。微動だにしない、そんなイメージだ。これが投手にとっても、投げ

▲リードだけでなく、キャッチング技術も徹底的に研究して磨いた

やすく、しっかり受けてくれたと思わせ、投手と捕手の信頼関係につながる。

谷繁元信（中日ほか）は、ずっとミットを投手に向けて構え、捕球していた。これは難易度が高いキャッチングだと私は理解している。手首が柔らかく、若いころから磨き上げてきたのだろう。この利点は、投手がミットを目標として、ずっと目線を逸らさないことから、より高い制球力へのアシストになったことだろう。

私はサイン交換が終わった直後に、「ここだぞ」と一度ミットを投手に向け、はっきり見せてから投手がボールをリリースするまでそのままにしておく。そこから、いったんミットを下げてからすぐにミットを上げ、捕球体勢に入っていた。

投手が投げやすくが原則になる。投げやすさとは投手によって感性は違う。谷繁スタイルがより望ましいと感じるが、特に低めのボールを受ける時の難易度は高く、誰しもが真似できるキャッチングではないと感じている。

## こだわった「左腕の形」

ブルペンでは、投手が気持ち良く投げられるよう、音が出るように捕球することを心掛けた。芯で捕球すれば自然と音は出るものだが、音についてはブルペンと、試合中では考え方が違った。試合中、芯で取ることは絶対条件にしても、音の有無は関係なかった。応援や、歓声でミット音は投手に聞こえなかったからだ。

そして芯は、捕手によって微妙に違うと思う。私は、ミットの中でボールを受けた時、左手の人さし指の第2関節が少し曲がるイメージだった。人さし指が痛いのだが、それが私にとってボールを受けている実感があり、芯で取ったという基準になった。ミットの構造上、網の部分で受ける人もおり、芯は捕手個々によってさまざま。私は受ける感触を大切にしていた。


また、私は左手首から肘、脇にかけてのラインの形にこだわりがあった。文字で表現するには限界があるので、ここでは割愛させていただく。

ひとつだけ、付け加えるならば、左脇を締め、肘が体の側面にくっつく状態で捕球すると、ボールの勢いに負けてミットが動いてしまう。球威に押されるように、ミットが後ろに動く。そこだけはポイントとして注意していた。そうならないため、左手首から脇にかけてのポジションにこだわりを持っていた。

なぜ、そこにこだわりを持っていたか。キャッチングの中でも応用編として難易度が高かったのが、逆球への対応だった。左打者の内角球、もしくは右打者の外角を要求した際、逆球が来た時、つまり捕手から見れば体の左側に逆球が来た時、ボールの威力にキャッチングが乱れてしまうことが課題だった。

そうした場合、基本的なミットの動かし方は、左肘を支点として扇形にミットを動かして対応するのだが、私は手首、肘、脇を意識しながら、ミットをほぼ平行に左へ動かし、かつ、球威に負けないための形づくりに腐心した。

他の捕手のケースで言えば、古田敦也の場合は、左肘を外側に大きく突き出しながらミットを動かして対応していた。そのキャッチングはとても印象的なため、記憶にあるファンの方もいるのではないか。

それだけ逆球をしっかり受けることは難しく、捕手なりの工夫も必要になる。ただ、大前提はミットを動かさない、そこに尽きると私は考える。現代のキャッチングではフレーミングという考えがある。

野球は細かい技術はどんどん進化する。当時、私が試合で作り上げたキャッチングでは部分的にフレーミングの存在は知っていたが、ミットは動かさなかった。それはこの章の冒頭で説明したように、球審との信頼関係の構築が念頭にあったからだ。

その考えを元に、ミットを動かさず、ぴたっと来たボールを受ける、これはコンセプトにしていた。まずアウトローからしっかり受け、変化球へと移行していく。そして、逆球への対応として、ボールの勢いに負けない左腕のポジションを工夫していた。要約すると、すべてはミットを下げない、外へ流れない、しっかり芯で受ける、この骨子にまとめることができる。

なお、変化球は軌道を見極めることが真っすぐよりもはるかに難しかった。変化し過ぎることも、変化が乏しいこともある。その日の投手の変化球の好不調もある。その時、その時で軌道に全神経を集中させるしかない。

特にフォークは受ける、というよりも止めるという感覚に近い。低めのフォークならばワンバウンドになる確率が高く、そうなるとキャッチングよりもブロッキングとして、体に当てて前にこぼす作業になる。

広い意味で言えば、このワンバウンドのフォークを必ず止めるというブロッキングが、フォークを決め球にする投手にとって、その捕手を信頼する絶対的な条件になる。ワンバウンドを逸らしていては、特にクローザーならば失点につながる。そういう意味でも、変化球のキャッチングは変化球のキレ、変化量を念頭に、なるべく数多くブルペンで受けることで、その日、その日の変化量を頭に入れておくことが大切だ。

## 逆手キャッチング

私だけの特殊な捕球スタイルがあった。左肘を厳密にはわずかに曲げているが、ほぼ伸ばしたままで、人さし指と親指が下を向くようにして捕球する。オーソドックスな捕球姿勢が人さし指と親指は投手の方に向いている、これを順手と表現するならば、私が低めのボールを受ける時の手の形はいわば逆手というイメージだ。

ボールが低いな、と思った時に、私は左肘を伸ばしたままで、ミットを時計回りに、人さし指が12時から3時くらいの位置まで思い切りミットを回して、受けていた。あまり自覚がなかったのだが、よく投手や同僚から、その特徴的なキャッチングを話題にされた。

そんなに目立つかなと、映像で確認してみたが、確かに逆手と表現できるほどミットを回してボールを受けていた。意図してやっていたのではないが、低めをしっかり受けようという気持ちが強まり、次第とそういう形になったと思う。

もちろん、球審へのアピールという打算があったわけではないし、球審がそんな私のミットの動きに気づいていたとは思わないが、何とか低めをストライクに取ってほしいという思いがそうさせたのかもしれない。
私はミットは動かさないという価値観の中で現役生活を送った。それが投手が投げやすく、球審が見やすいからだと突き詰めた結果であり、それがチームの勝利に貢献できるからだと考えていた。来たボールをポンと受ける。ミットは動かさない。当時の私の経験を元に表現するならば、エッセンスはここに凝縮できる。その中で、ポンと受けるを細分化して言葉を添えていくと、この章で紹介したような考え方になる。

キャッチングは捕手が抱える大仕事のメインどころの役割だ。それは決してキャッチングがうまいと評価されるためのものではなく、チームの勝利のために、投げやすく、見やすいという作用につながっていく。

# 第6章

# キャッチャーミットという相棒

## 細部にわたってカスタマイズ

キャッチャーミットについて説明させていただくにあたって、皆さんに知っていただきたいことがある。キャッチングする際、最終的にはキャッチャーミットを2つに折るようにして捕球するが、初動の指の動きは捕手によって異なるということだ。こうした話はこれまでしたことはなかった。例えば、オールスターで西武・伊東勤のミットを借りた時、中日のバッテリーコーチ時代に谷繁元信のミットを手にはめた時、初めてミットの中の指のポジションが、それぞれで違うんだと分かった。

それは捕手によってミットの形が異なるのと同じで、細部にわたってその捕手が捕りやすいようにカスタマイズされている。例えば、私は小指から動かし、親指と小指でボールを挟むイメージで捕球動作に入る。

最終的には人さし指、中指、薬指を添えて捕球することになるが、親指を含めた5本の指で握るというよりも、5本の指先でつまむイメージが近いかもしれない。おそらく、私のボールのつかみ方はそれほど多くないのではないか。

伊東のミットをオールスターで借りた時、その違いを感じた。分かりやすく説明す

# 田村藤夫／こだわりのキャッチャーミット

写真はコーチ時代に使用していたミット。キャッチングの根幹を支える捕球面、さらにはターゲット部も可能な限り薄くし、理想の形を追い求めていった

ると、まず左手を胸の前に出し、手の甲が自分の方に向くように構えた時、親指は右方向を、人さし指から小指は上を差す。その状態から、親指を除く4本の指でボールを捕球しに指を動かすのが伊東の捕球動作だった。

だからオールスターでミットを手にはめてすぐにその違いが分かった。私とは小指のポジションが違った。私よりも人さし指、中指、薬指の関節が曲がるような形になっており、よりボールを包み込むような指の形がついていた。

おそらく、捕手のボールの握り方はこの2通りだと思う。すべての捕手に確認していないため、もしかすると他のやり方もあるかもしれないが、大別するとこのどちらかになるだろう。

## キャッチングのこだわり

キャッチャーミットには捕球面がある。そこでボールを受けるのだが、私は浅いところで捕球するのが好きだった。深い、浅いと表現されても、分かりづらいと思うが、捕球した時のボールの位置が、ミットの奥行きとして、深いか、浅いかと想像していただければ、何となく分かっていただけるのではないか。

私はミットの中の人さし指の第二関節から指の根元でボールを受けていた。つまり、手の平の中心部で受ければ、それだけミットの深いところでボールを収めることになるが、人さし指の根元付近ならば、ミットの浅い部分になる。

なぜかと言うと、スローイングをする時、ボールをミットから右手に持ち替える動きがスムーズになるからだった。これも個人差によると思う。盗塁を刺す際、私は浅めに捕球して、すぐに右手に持ち替えてスローイングする動作がしっくりいっていた。

捕球面が深く、言い換えればミットのもっとも奥でボールを収めれば、そこから取り出し握って、セカンドにスローイングするのは、ほんのわずかだが時間がかかる。ミットの浅い部分から取り出すのと、深い部分から取り出すのを、計測して比べたことはない。もはや、感覚というか、イメージの差でしかないが、そのわずかな差ですら埋めて、少しでも早く送球動作に入りたい、それが捕手の偽らざる本音だ。そのために、私はミットの浅い部分でボールを受け、自分のリズムで送球できるよう、ミットからボールを取り出す動きを反復練習した。

捕手によってボールを受ける位置は異なる。私の場合は先述したように、人さし指の第2関節から根元付近で受けていた。どうしてそこの部分かと聞かれると、これも習慣だったからというのがもっとも理解していただける答えではないか。

よって、芯でしっかり受けると、その衝撃はもろに人さし指だけが受けた。だから、痛い。ミットの牛革が緩衝材となってくれたが、プロのピッチャーのボールはキレも、伸びもある。試合が始まり、イニングが進むにつれて、イニング間でミットを外すと人さし指は真っ赤に腫れていた。

それでも、赤く腫れた人さし指は私が芯で受けていることの証でもあった。私のキャッチャーミットは、そのキャッチングの根幹をしっかり支えてくれた。捕球面の浅いところ、人さし指が当たる部分でしっかりボールが収まるように、私のミットは工夫して作ってもらった。

そのために、こだわった箇所がミットのターゲット部（通称ハチマキ）の厚さだった。ターゲット部はミットの上部と下部に分かれているが、私は特に上部の厚さを薄く作ってもらった。

ミットを閉じた時、上下ともにターゲット部が厚ければ、ミット内のボールがとても深い位置に感じられ、そこに違和感があった。これも感覚的な問題で、捕手心理からすると、芯で受けることと、盗塁で送球する動作は切っても切れない関連性があった。ミットの深い場所にボールがあるような気がしては、盗塁を刺しづらくなる。そこに抵抗があり、改善策としてターゲット部の厚さを改良してもらった。

上部のターゲット部を薄くしてもらい、下部のターゲット部も可能な限り薄くしてもらうことで、全体的に厚さを抑えてもらった。オーソドックスなキャッチャーミットと比べて、私のミットは上部ターゲットは1センチ近く、下部ターゲットも2〜3ミリは薄くなっていたと思う。

こうした作業はミズノさんの担当者の方と相談しながら、少しずつ自分の求める型にしていただいた。おそらく初めてミズノさんとアドバイザー契約を結んでもらい、ミットを作ってもらったのは1988年だったと記憶している。

だいたい毎年2個から3個ミットを作ってもらい、その中ではめた時にしっくり来るものを、試合用にするため、自分で型作りした。そして他のミットはブルペン捕手に託した。

私はキャンプで毎日ブルペンに入り、およそ200球前後は受けていたと思う。その中で、少しずつ革を柔らかくしながら、自分の好きな形状に慣らしていった。また、ブルペン捕手には私のミットの型を覚えてもらっていたので、同様に柔らかくしてもらい、型作りをお願いしていた。だいたい、その作業は同時進行で、およそ1カ月ほど時間をかけた。

ワンシーズンが過ぎると、古くなったものは後輩のキャッチャーにあげていた。私も高卒で入ったころは、ミットが高くてなかなか自分では買えなかった。古くなったと言っても、1シーズン使っただけだったので、まだまだ十分に使えた。このミットでしっかり練習して、いつか一軍に上がってこいよという思いで渡していたのを覚えている。

1998年に現役を引退するまで、私のミットは全体的に薄く、そして中に詰まっていた綿を抜いてもらいながら、なるべく軽くしてもらった。試合用、雨天用、キャンプで使う練習用と使い分けていた。

保管する時は、ミットの中にボールを入れて、潰れないようにしてから、型が崩れないようにゴムでしっかりしばり固定して、布の袋に入れていた。

## 誰のためにかを考える

試合が終わるとミットの外側の汚れをクリーナーで落とし、油を塗った。捕球面には特に気を遣った。翌日に試合がない時だけ油を塗り、革に油がよくなじむように時間をおいた。しかし、翌日に試合がある時は、捕球面に油は塗らなかった。

それは、キャッチングでボールに油がつくと、ピッチャーが投げづらくなるからだ。そうならないように、試合が近い時は油は使わなかった。こうした部分は野手のグラブの手入れとは違っていたと思う。

野手が打球を処理した際、油がつくことはあったと思うが、大抵の場合はボールは交換されるため、投手に影響は出なかった。捕球後に、同じボールを使うバッテリー間とは、こうしたところで事情に違いはあったと感じた。

プロの選手はみんな道具を大切にしていた。自分の生活を支えてくれる相棒たちだから、バットにしろ、グラブにしろ、スパイク、ユニフォームに至るまで、大切にするのは自然な流れだった。

ここで私が野手のグラブと捕手のミットの違いを強く感じたことがある。捕球面に油を塗らないのは、投手に対する最低限のマナーであると同時に、キャッチャーミットをメンテナンスするのも自分のためだけではないと感じていた。極論を言えば野手は自分が捕りやすいように、が最優先される。それも理解できる。

一方の捕手はしっかり芯でボールを止めることは言うまでもなく、投手が投げやすくという要素を決して忘れてはいけなかった。ミットは投手にとって目標物になる。ここを目がけて投げてこいという捕手のメッセージが込もっている。

だから、投球動作に入った投手が狙いやすく、制球が定まるようにミットを構え、そしてミットをしっかり開き、捕球面を投手に見せていた。

ここで、ターゲット部の上部が厚いと、どうしてもミットの上部が下を向きがちになる。そうなると、投手からするとミットの楕円（だえん）が、ゆがんでしまうのではと、私は考えていた。

鏡の前でキャッチャーミットを構え、どうすれば投手から見やすく、投げやすくなるかを常に考えていた。私のボールの握り方が関係して、ミットのターゲット部を薄くすることは先ほど説明したが、浅く捕りたかったことと同じくらい、しっかり投手に開いたミットを見せるため、ミットがよく開き、なるべくきれいな楕円を見せるように腐心した。

そのためにはターゲット部は薄い方がきれいな楕円を見せることができた。90年代後半、捕手の間で、上下のターゲット部に色をつける傾向があった。それも、目標物としてのミットの輪郭をはっきりさせるためだった。私がきれいな楕円を見せようと考えたことと発想としては同じだった。

私は自分の口から「投手からこう言われた、ああ褒められた」と、アピールすることを好まない。ゆえに、こうした表現は本当に苦手なのだが、日本ハムのエースだった西崎、ロッテの伊良部秀輝からは「投げやすいです。ミットがよく見えます」と言ってもらえたことがある。

私は投球動作に入った時、ミットの捕球面を投手にしっかり見せるように、大きく開いた。なるべくミットが大きく見えるよう、私は体を縮こませて、小さくなるように努めた。そうすることで投手がミットを大きく感じるように、そしてミットの楕円をはっきり見せるよう、しっかり開いた。

つまり、捕手のキャッチャーミットはキャッチングの道具である以上に、投手の道しるべでもある。受けやすいようにターゲット部を薄くしてもらったが、それは投手が投げやすくという狙いもあった。そして、投手が投げやすくなれば、必然的に捕手は受けやすくなる。その循環は常に一体として回っていた。

捕手の最大の役目は投球をしっかり受けること、球審が判定しやすいようにコースを見やすくキャッチングすることだ。そのためには、ミットの芯で確実に受ける。それを可能にするのが、ミットの形状になる。

捕手のキャッチングの技術も非常に重要だが、ミットがそれを助けてくれる。その捕手にとってのキャッチングだけでなく、投手にとってはそこを狙う的として、球審にとってはジャッジする上での判定材料として、キャッチャーミットは常に対象物であった。

やや大げさに言えば、試合の勝敗にも少なからず影響が出るほど大切な道具と言えるだろう。

# 第7章

# 中学校時代に起きたある事件

## 月に一度の町中華

野球に接したのは6歳のころだった。会社員だった父・保とキャッチボールをして、野球の楽しさに触れていった。父はナットなどを作る工場に勤めていた。詳しくは話してくれなかったが、工場での作業中に左の薬指を機械に挟み、第1関節から先を失っていた。

それでも、グラブをはめる左手だったので、私とのキャッチボールでは不自由を感じたことはなかったし、父も楽しそうにキャッチボールの相手をしてくれた。

家庭は裕福ではなかった。かと言って、生活に困るほどのことは感じなかった。まあ、私は野球を始めてからは練習に没頭し、暮らし向きなど気にしたこともなかった。私が記憶している家族でのシーンは、毎月1回、近所の町中華に出掛けた時のことだった。

今思えば、あれは父の給料日だったのだろう。それが本当に楽しみだった。もちろん、町中華だ。フカヒレなどの高級食材とは無縁。それでいて本当にいい香りが鼻をくすぐる、町中華らしい活気があって、お客さんがあふれている中華料理屋だった。

そこで、ラーメンから餃子から、酢豚から炒飯まで、私は夢中になって食べた。それが何よりのごちそうで、本当に美味しかった。プロ野球選手になって知り合いも増え、焼肉や寿司など有名店にも高級店にも足を運んだが、いつだって私の原点はあの家族で月に1回、足を運んだ町中華だった。

同じ千葉出身ということで、長嶋茂雄さん（巨人）への憧れは強かった。プロ野球

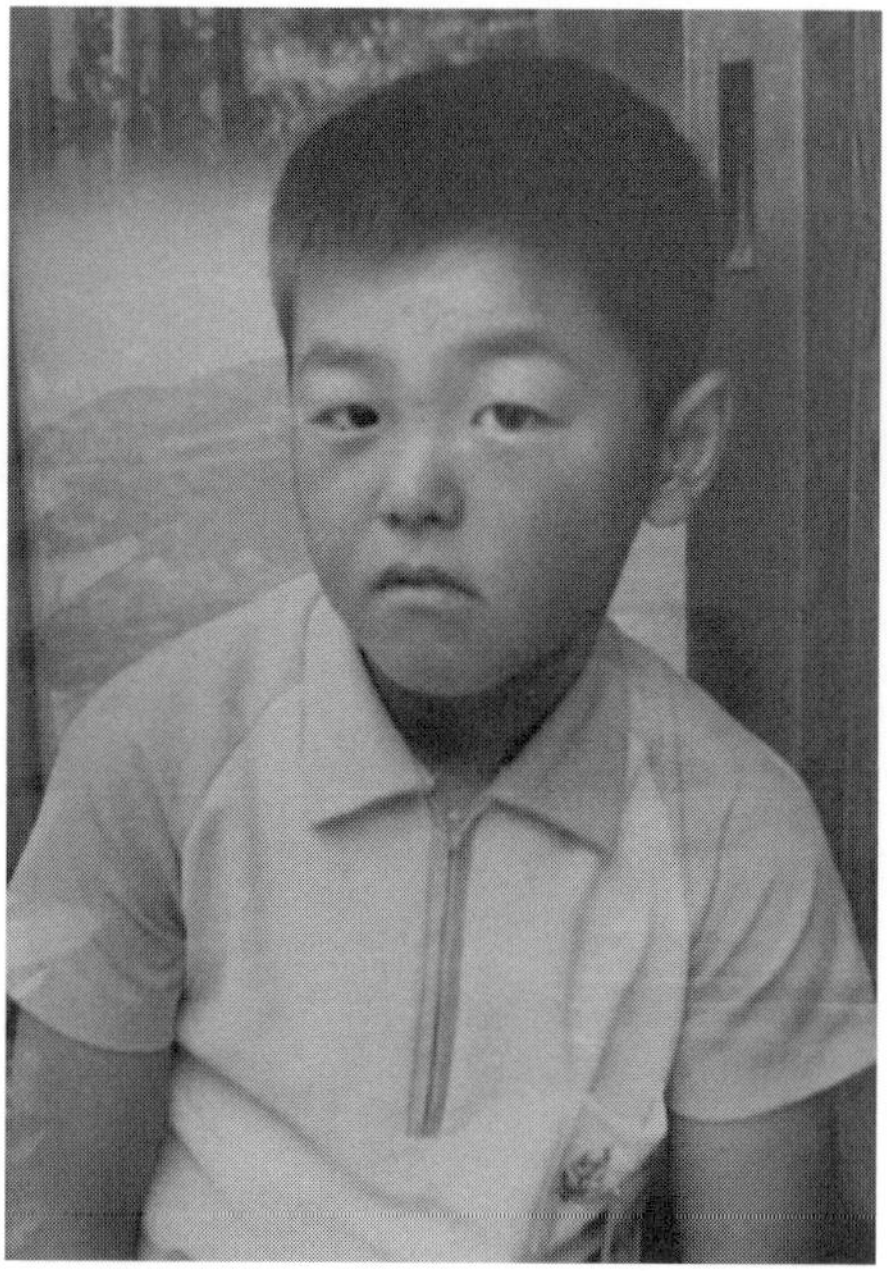

▲習志野市立大久保小学校3年時。運動が得意な活発な少年だった（本人提供）

が大人気で、私はプロ野球選手になりたいなどと考えたこともなく、ただ目の前の試合で打つことに喜びを感じ、近所の空き地で大きな当たりを打っては住居のガラスを割り、母の初代と一緒に謝りに行く、そんな日々だった。

父も母も穏やかだった。私もどちらかと言えば、周囲からは穏やかでもの静かと言われるが、それは両親から譲り受けたものだと感じている。従って、厳しく叱られることもなく、大好きな野球に没頭できた。

小学校でも、中学校でも友だちは多く、楽しかった。野球が人よりうまかったことで、特に男子の友だちは多かった。そして、多くのプロ野球選手と同じで、学業はまったくもって苦手で、成績は悪かった。作文は大の苦手、算数もできなかった。理科も社会も興味はなかった。通信簿は体育が「5」だったが、主要科目はおおむね「2」か、良くて「3」だった。

だから、根尾昂のように学業も学年トップという優秀な選手を見ると、信じられない思いだった。私は本当に体育だけ。野球だけ。ただ、得意なものを周囲の理解もあって最大限に伸ばしていただき、プロ野球選手にまでなることができた。

時代が良かった。周りに恵まれた。本当に運が良かったのだ。そうした家族、友だちへの感謝は決して忘れない。

## 中学校時代の強烈な記憶

私はプロに入り、おかげさまで21年の現役生活を送らせていただいたが、地元では中学時代から主力として試合には出ていたものの、当時の強豪校から勧誘がたくさん来るような選手ではなかった。

千葉・習志野二中で野球を中心にした生活を送り、中学生活もクラスメートと楽しく過ごしていた。特別に体が大きかったわけでも、飛び抜けて俊足だったわけでもない。確かに野球は得意ではあったが、地元で話題になるような、そんな突出した存在ではなかった。

後日、プロに入り、いろんな有名選手たちと出会った。そこで、ある種スター選手特有の雰囲気を知るのだが、どう考えても中学、高校時代の自分とはかけ離れていた。おそらく、私のチームメートも、とてもじゃないが、私がプロ野球選手になるとは思っていなかっただろう。

何か決定的な思い出があるのかと、中学時代を思い起こしてみたが、心に残っているエピソードは、ひとつだけだった。ただ、そのひとつは、真っ先に脳裏に浮かんだ。それだけ強烈な思い出として私の心に刻まれている。

▲習志野二中3年時。体育祭で応援団長も務めた（本人提供）

中学3年の時だった。その日、私を含めた男子生徒は特に騒がしかった。あまりにうるさいため、女子に注意された。すると、静かにするどころか、その女子をからかい、さらに騒ぎに拍車がかかった。

おそらく、見かねたクラスメートが担任に伝えたのだろう。担任は、騒いでいた男子生徒15人ほどの中から、代表として私を休み時間に職員室に呼んだ。まず口頭で注意された。

そしてこう言われた。「田村、お前は体育祭で応援団長もしている。そのお前がみんなを代表して殴られてくれ。そうすれば、それで終わりにするから。放課後、ホールに来い」。

私は父親に殴られたことはなかった。少年野球チームのコーチにも、それこそ先輩たちにも、殴られた経験はなかった。

私は担任の言葉を聞いて思った。「俺が代表して殴られれば、それで済むんだ」。殴られることへの怖さは、微塵も感じなかった。放課後、指定された校舎のホールに向かった。

職員室で注意を受ける私を気にして、騒いでいた他の男子生徒もドアの外で聞き耳を立てていたようだった。放課後、私がホールに行くと、その連中も集まっていた。

当時の習志野二中の校舎は円形校舎という特徴的な建造物だった。ホールも円形だった。ホールの外周に沿ってスロープがらせん状に上の階につながっており、教室はスロープの外側に配置されていた。

つまり、廊下から見下ろせばホールの様子は一望できた。中学3年の私がいて、尋常ならざる様子の担任が対峙している。ただならぬ雰囲気を察して、放課後に教室に残っていた各学年の生徒はこぞって上からのぞき込んでいた。

　私はホールの端に立たされた。昭和の話である。その時代を生きた方ならば容易に想像がつくと思う。担任の平手打ちが飛んできた。無我夢中であまりよく覚えていない。その時の担任の表情も、周囲の雰囲気も何も目に入らなかった。ただ、平手打ちをされながら、騒いだことへの反省よりも、別の感情が芽生えていた。

　担任は私の言動が気に入らなかったのだろうと。確かに、騒いでいたのは悪かった。注意してくれた女子をからかう態度も良くなかった。殴られても仕方ないと思う。そんな感情とは別に、日ごろ、担任とのやりとりの中にしっくり来ないものは確かにあった。担任は理系の先生だ。私は理系は好きではなかった。いや、正直に言えば勉強そのものに真剣に取り組む生徒ではなかった。

　しかし、学校では目立つ方だったと思う。それはひとえに体力があり、体はそこまで大きい方ではなかったが、存在感があった方だったからだ。当時の中学生では、特に男子の中では運動ができると一目置かれる。ましてや、野球部でも主力だった。体育祭では応援団長もしていた。常に男子生徒の輪の中心にいる、そんな存在だった。

　勉強もろくにせず、それでいてクラスの中心にいた私の存在を、担任が心の中では苦々しく思っていたとしても不思議ではなかった。もちろん、平手打ちをされながら、そんな冷静な思考が働いていたわけではない。ただ、漠然と担任は俺のことが好きではないんだろうなと、そんな思いが浮かんでいたと思う。

私は泣かなかった。殴られたことは屈辱ではあったが、そうされても仕方ないと納得もしていた。そして騒いでいた男子生徒の代表として殴られたことも、何とも感じなかった。

担任も全員を殴るのは大変だろう。誰かが代表で殴られるとしたら、自分しかいない。「なんで俺だけなんだ?」と抗議の感情は微塵も湧かなかった。

むしろ、私以外が代表して殴られたなら、私は深く傷ついていただろう。「俺も殴ってください」と、直訴していたと思う。他の誰かが代表して殴られたなら、本当に申し訳ない、何とも情けない思いをしたはずだった。

殴られた後、教室に戻った。固唾を飲んで見守っていた男子生徒たちは、私の後ろをついてきて、黙って次々と教室に入ってきた。放課後になり、だいぶ時間が過ぎていた。外は夕暮れが近づいていた。夕日が差し込む教室の中で、不思議な光景が広がっていた。

私は自分の席に座った。すると、みんなは私の机の周りを、私を囲むように並び、その輪が二重、三重となった。そして、誰ともなく次々と床に正座を始めた。自分の席に着席している私の方を向くように、友だちが正座をしてこちらを向いているのだ。

どうしたのかなと思っていると、正座している友だちの中に、泣き出す者がいた。代表して殴られた私に対して申し訳ないと思ってくれているのかなと、とっさに感じた。涙が連鎖していくうちに、また誰かが「ごめん」と口火を切った。そして、みんなが口々に私に謝り出した。「ごめん、ごめん」と。

放課後のガランとした教室に西日が差し込む。そして、男子生徒のすすり泣く声が聞こえる。私は自分に何度も何度も謝る声を聞きながら、口の中に残る血の味を感じつつ、何と言えばいいのか、言葉が出てこなかった。

ようやく、心も落ち着いた私は言った。「いいから、気にすんなよ」。それは本心だった。代表して殴られたが、その前提にある事実として、私は悪いことをしていたのだ。殴られて当然で、それで他の生徒の分まで殴られたとしても、身代わりで殴られたわけではない。私が悪かったのだ。

終わってみれば、多少冷静な気持ちになれた。誰かが代表して殴られるなら、自分であってほしかった。それで他の生徒が殴られなければそれで良かった。むしろ、これで済んだことで、多少はほっとした気持ちにもなっていた。

## あの日の出来事が教えてくれたこと

それから、担任とはついに卒業式に至るまで、心に残る会話はなかった。本当は何か会話はあったのかもしれないが、思い出せない。私の中では殴られて決着はついていたが、担任の中にはわだかまりは残ったのかもしれない。それはもう今となっては分からない。

当時、先生が生徒をぶつこと、たたくことはそれほど珍しくはなかった。そして、野球部だった私が、担任からたたかれたとしても、それほど驚くことではなかった。帰宅すると両親からは「どうしたんだ？」と聞かれた。自分から話す気はなかったが、おそらく顔が腫れていたのだろう。事情を説明すると「お前が悪い」と言われた。もちろん、細かく問いただされたわけでもない。あっさりしたもので、それでこの話は終わった。

美化して振り返る意図は毛頭ないが、それが普通だった。学校で悪いことをすれば罰として殴られることもある。だからと言って、親が学校に乗り込むなど、当時は考えられなかった。

体罰の詳細が親に伝わったとしても、原因を作ったのは自分であって、それで教師をやり玉に挙げる発想は、当時の社会が持ち合わせていなかった。

私の中ではもう済んだことだったが、みんなが見ているホールでたたかれたことは、習志野二中にとっては大きな衝撃だったようだ。


それから数日は、他の先生から「どうしてそんなことになったんだ？」と、聞かれたことがあった。また、クラスメートの中にも「大丈夫？　けがしなかった？」などと言って声を掛けてくれた友だちもいた。

もちろん、私はその後も何事もなく学校に通った。そして、日にちが経つにつれ、その出来事はみんなの記憶から次第に消えていった。しかし、私の記憶にはしっかり残っている。それはなぜか？　あの時、私は自分の間違いを身をもって償った。同時に、仲間の分も殴られたのだが、はっきりしたことが分かった。何かをしでかせば、その報いは受けなければならない。そこから逃げては友だちの信頼を失う。

私の心に強く残ったのは、放課後の教室で私に一生懸命謝ってくれた友だちであり、その友だちに対して私は「気にするな」と言葉を掛けた、その事実だ。

仮に、代表して殴られることを拒否したら、逃げ出したら、殴られた後に友だちに八つ当たりしたら、責任転嫁したら。そして、私ではなく他の生徒が代表して殴られていたなら……。

そのどれを想像しても、とても苦しい中学時代の思い出になっていたはずだ。私自身を正当化する意味合いではなく、人間は間違いをした時に、その失敗から逃げてはいけない。いかに正々堂々と罰を受けるか、人間として、もっとも基本的な在り方を、あの日の出来事は私に教えてくれた。

私はけんかは好まない。当然、少年時代も殴り合いのけんかは一度もしたことがないし、野球をしていて監督、コーチから殴られたこともなかった。父親から殴られてもいない。

つまり、人から殴られることの怖さ、悔しさをこの時初めて知った。そして、この時、怖さはあったが、おびえる気持ちは私の中にはまったく起きなかった。ある程度冷静で、ペナルティーを受けるしかないと腹をくくった自分がいた。納得して殴られたのだ。

だから、友だちにつらく当たることもなく、心配してくれた友だちに対し、気遣うこともできた。この経験から学んだ教訓は、その後のプロ野球選手として生きた人生でも、私の根底で息づいていたと感じる。

つまり、プロ野球は戦いだ。ルールはあるが、硬球が飛び交い、屈強な男たちが全力でぶつかり合う。当時のパ・リーグでは乱闘も珍しくなかった。いざ、文字どおりの肉弾戦になった時、選手によっては気持ちが弱いと仲間を助けることに躊躇が生まれる。

逆に、子どものころから友だちのために体を張ってきた選手は、迷わず戦いの中に入っていった。そして、そういう振る舞いが、プロ野球の世界では物を言う時がある。正念場で体を張れるか、張れないか。逃げないか、逃げるか。単純であり、決定的でもある。

私は中学時代や高校時代に街中でけんかなどをしたことはなかったが、あの中学で受けた経験が大きかったように思う。もちろん、自分も悪いのだが、仲間の分も殴られ、ある意味仲間を守ることができた。それは意図したものでもないし、担任の申し出を受け入れただけのことだったが、あのことを受け切ったからこそ、私の体面は保たれたのだ。

ある意味、この出来事は私に確固たる自信をもたらしてくれた。引いてはいけない時に、まず自分が率先してその責めを受ける。この鉄則は、プロ野球界でも十分に生きたと感じる。

試合を決める場面で打たれた時、バッテリーの責任でありながら、まずは捕手が叱責される場面が多かった。たとえそれが投手のコントロールミスであっても、打たれた結果から、最初に捕手が批判にさらされる。

そんな時、どんな言い訳をしたところで、誰も救えない。忸怩（じくじ）たる思いを胸に秘め、敗戦の責を一身に負う。それを仲間は見ている。私が叱責される姿を見て、感じる選手もいれば、我関せずの選手もいる。それは仕方ないことで、だからどうこう言っても始まらない。

ただ、私は勝負のかかったプロの世界で、打たれた責任を負い、時には失投した投手の分まで批判を浴び、その浴びた分だけ投手との信頼関係は強くなった。これは構図として、あの中学生の時と似ていたのかもしれない。

それを、まだ考えも定まらない子どものころ、はからずも経験できたことは、今となっては大きかった。

もちろん、美談でこのようなエピソードをお伝えしたのではない。私の幼少期のもっとも心に残ったワンシーンとして記憶にあったのでご紹介したまでだ。体力と、野球だけが取り柄だった私にとって、そこから大きく道を踏み外すこともなく、野球に没頭できたのは、ただひとえに幸運だったと今も思う。

# 第8章

# 捕手の本質

## 野村克也さんへの感謝

近年、捕手の存在意義は以前よりも格段に高まったように感じる。それはまず、野村克也さんが捕手の大切さを広くメディアを通じて全国のプロ野球ファンの皆さんに何度も何度も、粘り強く解説してくださったからだと思う。

いわば捕手の地位向上と言えるだろう。私の不勉強ゆえに、過去にも同様の試みをしてくださった捕手経験者の方もいるとは思うが、私の世代としては野村さんの存在が非常に大きかったというのが実感としてある。

私のようにどちらかと言えば人目に触れることをそれほど好まず、目立たない存在であることに、居心地の良さを見い出していた捕手では、野村さんのように理論立てて、野球ファンに分かりやすく捕手の存在意義を説明できなかったとつくづく感じる。誰かがしっかりアピールしてくれないと、人の評価は動かない。

配球では、その1球を選択した根拠を求めることに野村さんは腐心されていた。捕手が選んだその1球は、どういう観察眼、打者分析、投手心理の理解度によって導き出されたのか。それを評論家時代の野村さんはテレビ越しに熱く語られていた。

投手はお山の大将という気質がある。すべての投手がそうだとは言わないが、野球を始めたころから何事も一番だからこそ、投手として頭角を現したのだろうと。そして、その性質はプロの試合でも変わらない。

抑えれば自分のボールが良かったと考えるのが投手という生きもので、捕手の配球に感謝することはまれだった。それがいい悪いではなく、捕手は投手のそういう気質をしっかり見て配球をしろ、そういうことだと私は理解していた。

この場面、あの投手ならこう考えるだろうと、予測をつける。その上で打者はどう考えているのか。投手心理を読める打者ならば、捕手が配球によって、その狙いの逆を行かなければならない。

ここにバッテリーと打者との心理戦が展開される。裏をかく、その読み合いが緻密になり、結果として裏の裏をかいて打たれてしまうこともある。もしくは、読み合いの果て、真っ向勝負で力で押し切る場合もあった。

ただ、結果はどうであれ、その考えるプロセスを大切にせよと、野村さんは熱く説かれていた。そこに私はとても共鳴し、捕手の奥深さを思った。得意なボールを選択する、もしくは打者が苦手なボールやコースを求める、そういう単純な攻防の先に、捕手の観察力、分析力、戦略性が生かされる高度な勝負というものがあると。

そして、そこに至るにはどうしても経験が必要になる。打たれて覚え、サインに首を振られて考えた。失敗は単なる敗北ではなく、近い将来の成功への道しるべなのだと。野村さんの話を聞いて自分なりに進むべき道程を思い描いた。


まず見る。投手を見る、打者を見る、相手ベンチを見る。

そこから、派生して投手の心情を理解して、気持ちを乗せて、勝負どころで最大限の力が発揮できるように導く。それこそが、真のリード、配球、女房役と言われる捕手の醍醐味である。

あとは捕手それぞれが自分で考え、チームの投手と向き合い、自分なりの配球論や投手心理の理解度を深めれば、そのチームの正捕手として要になれる。低い声でゆっくりしゃべる野村さんの解説を、聞き逃すまいと必死に聞き入っていた私には、熱い、熱い評論だった。

それを聞きながら、私は学び、それをプロの実戦でも自分にあてはめて生かそうともがいた。そして、野村さんが言われていた「この1球への根拠」とは、試合の中で考えると、とてつもなく困難なことだと悟った。独り善がりであってはいけない。そうであれば、根拠とは、単なる捕手の言い訳に過ぎないと。

捕手の視点、投手の立場、打者の狙い、そこに試合展開を考慮して、しっかり人に説明できるロジックに立ち、初めて根拠として成立しているんだと。それは、野村さんが事細かく、あらゆる場面において言語化してくださったから、私もそれに習って考えることができるようになった。

同じように、多くのプロ野球ファンが捕手の奥深さに気づいてくれたと思う。私はそれがとてもうれしかった。

実体がないまま、捕手の大変さを理解しろというのは無理な話で、そこに具体例を交えながら、分かりやすく、ファンの興味に応えつつ、解説してくださった野村さんへの感謝は、決して薄れることはない。

## 意識的に若い投手と会話

捕手が果たすべき役割について、私の考えを解説したい。第5章でキャッチングについて詳しく触れているが、捕手の役割として受ける、止める、投げる、そしてリードするという項目がある。それは基本として捕手を目指すどの選手も向き合ってほしい要素だが、特に皆さんに知っていただきたいことについて触れたい。

それがコミュニケーションだ。この捕手のコミュニケーション能力こそ、ＡＩにも決して替わりは効かないものでなければならないと、私は強く自負している。評論家になり、若い捕手と話す機会に恵まれれば、私はほぼ必ず伝えている。時間がある時は必ずピッチャーと話をすべきだと。中日の石橋康太捕手は関東第一高の後輩として、私が中日の二軍バッテリーコーチ時代に、特にそのことは強く話してきた。「全部のピッチャーと話しをすることが大事だぞ」と。

私はわれ先に前面に出るタイプではなかったが、投手とはよく話をした。練習の合間、ブルペンで受けた後、試合中、試合後、そして試合前。球場を離れ、食事に出掛けて話すこともあった。当然、お酒が入れば普段は話さない話題で盛り上がる。そんな時、投手は心底リラックスしていて、本音が出る。もちろん、チームメートだから、ユニフォームを着ている時から本音で話しているのだが、それでも捕手・田村に話せないこと、話しづらいこともあったと思う。

幸いなことに、私は若くして日本ハムの正捕手になれた。最初は先輩投手ばかりで気後れしていたが、シーズンを重ねるにつれ、少しずつ後輩の投手が増えた。私の正捕手としての立ち位置は揺るぎないものになり、気がつけば後輩投手は私に物が言いづらい関係性になっていた。

私は意識的に若い投手と会話した。不自然にならないよう、練習の合間からこちらから声を掛け、コミュニケーションを図った。それでも、30歳を過ぎた私に対する若手投手陣の遠慮は払拭できなかったように思う。

そこであきらめては、その「1球の根拠」への努力は水泡に帰す。私はバッテリーで会食に出掛ける時などに、何とか普段は交わせない会話ができないものか模索した。そんな時、もう誰だったか思い出すことはできないが、若手投手が聞いてきたことがあった。

「田村さん、あの場面で出したスライダーのサインはどういう狙いだったのですか？」

とっさに私は思った。「そうか、酒も少し入って、グラウンドでは決して言えない核心に、初めて触れてくれたんだな」と。

もう、具体的な会話は記憶の彼方にあるが、私は当時の狙いを説明した。ただ、私がサインを出したスライダーは打たれていた。結果論ではあるが、打たれた配球に後輩投手が斬り込んできたことは新鮮でもあり、痛烈な思いもした。

つまり、その若い投手は本当は自分が投げたかったボールがあったのだろう。そのボールで勝負したかった。だが、私はスライダーを選択し、首を振れなかった彼はスライダーを投げて打たれた。モヤモヤをずっと抱えていたのだろう。

それを若い投手から私に疑問として投げかけてくれたのは、ひとつの側面としては私が求めていたシチュエーションだった。結果は出ている。私のサインで打たれている。そこを避けてきたのがこれまでのバッテリー間の会話のならわしだった。

暗黙の了解とでも言うべきか。「打たれたサインの狙いを、結果論として田村さんに聞いていいものか？」。当時の若手投手がそう感じていたとしても不思議ではない。私は会話をしよう、本当の意味でのコミュニケーションを図ろうとしていたが、それはすなわち私にとって不都合な話題も避けては通れなかったということだった。

それでも、突っ込んだ話をしなければ、バッテリーとしての成長はない。きれいごとの表現で言うならば、これもチーム力の向上の一助となる。プロの正捕手である私からすれば、後輩投手に痛いところを突かれるのだ。そこで強弁でしのいでも意味はない。

むしろ、その時に首を振れなかった投手の本音に耳を傾けなければ、私の成長もなく、その投手の進歩もない。私は自分の狙いを説明し、そしてそっと付け加えた。「俺はその時にはそう考えたが、打たれた。選んだボールが違ったな」と。

その時の雰囲気だけは今も覚えている。１歩踏み込んできた投手は、すっきりしたようだった。もちろん、勝ち誇ったり、未練がましく私を批判することはなかった。これまで超えられそうで超えられなかった会話の限界を突破して、少し前に進んだ雰囲気だった。

その前向きな感じがあったからだろう。私は「そうだな。今度は試合中に言えよ」と付け加えた。これで、試合中の会話にも厚みが出るだろう。ましてや、私のサインに納得できなければ今度は首を振れるかもしれない。首を振って初めて、お互いの考えの違いがはっきりする。意見の相違は、議論につながり、レベルは上がる。これがあるべき姿なのだと私は感じた。

私の経験からは、年長の正捕手に、若手投手が自分の狙いを正直に話すことの難しさを学ぶことができた。ただ、これは若手投手にある種の勇気と、年長の捕手に多少のゆとりがないとできないだろう。

若手の正捕手と若手の投手では、意見が正面からぶつかることも想像できる。意見の相違が議論にならず、対立になってしまっては、不信感、信頼関係の崩壊につながる。だから、捕手から投手に歩み寄り、話さなければならない。意見の衝突はあっても、ペナントレースは進む。バッテリー間が冷戦状態では、とてもじゃないが勝利は望めない。

まず、捕手から投手のもとを訪ね、会話の糸口を見つけ、それを手繰り寄せて信頼関係をつなげ、さらに会話を編み込んで、強固なものに仕上げていかなければならない。投手には自分の考えを説明できる冷静さと、粘り強さを、捕手には投手の考えを知ろうとする視野の広さと、自分の失敗を認める度量が求められる。

そうした投手との関係性の中で、本当の意味でのコミュニケーション力は育まれる。パッと配球の話題を振って、サッと本音を言って、相手の意見もそこそこに、「もう俺の考えは伝えたよ」では、身勝手な自分の考えの押しつけで終わってしまう。

私は当時の日本ハムの各投手陣の性格を含め、一人ひとりの人間性を見るようにしていた。それは、試合の中でピンチになった時、追い詰められた時、投手は人によって考え方も、表情や態度も一変するからだ。

分かりやすく言えば、腹をくくって勝負できる投手もいれば、痩せ我慢するタイプもいる。消極的になって自分の考えを意思表示せず、バッテリーを組む捕手にすべてを委ねる投手もいる。

そういうことを含めて捕手は、手が届く範囲はすべて見て知って、頭の中に入れておくべきだ。なぜなら、勝負がかかった試合の正念場は、ある意味修羅場だ。次の1球で敗戦が決まる。そういう瞬間も、公式戦の中では珍しいことではない。

重要局面、大勝負の一瞬は決して珍しくはないが、そこに慣れてしまう投手を私は知らない。ペナントレースの序盤だろうが、夏場の疲労困憊の連戦の最中だろうが、その1球が勝敗に直結する場面になれば、投手はたいていの場合は緊張し、ある意味萎縮し、あるいは腹をくくる。

その投手の生活がかかっているからだ。1勝がつくか、1敗がつくかで、年俸は大きく変わる。その苦しさを知れば知るほど、ピンチで投手がむき出しにする本音を知らないと、捕手は勝利に導けない。

## あまりにも違い過ぎる存在ゆえに

具体例を挙げれば、江夏さんは腹が据わっていた。

それはたたき上げてきた経験と実績から来る無類の強さであって、私の配球に対して一喜一憂しない余裕すら感じさせてくれた。それでも、江夏さんには明確な投手・江夏としての打者を打ち取る道が見えていた。それが確固たるものであればあるほど、まだ若かった私が出すサインに未熟さを感じても、それを表情に出すようなことはなかった。

江夏さんの意思は、まさにボールに表れていた。私の構えたミット、私が求めたコースに対し、江夏さんはその答えとして、意図してボール球にずらしてきた。その時、初めて江夏さんの考えと、私の考えは違ったのだと知る。ほんのボール1個半のコースの違いの中に、江夏さんという偉大な投手は生きる道を見い出していたのだ。

それは、まだ若かった私には十分に理解できなかった。経験豊富な江夏さんの狙いが正しくて、まだ経験の浅い私の考えが及ばないのだと結論づけていたが、本当はそれではだめだったのだと思う。江夏さんの考えを、より努力して知る工夫をしていれば、江夏さんの考えに近づくことはできたはずだ。

そう、今となっては私が正捕手となって、若手投手の本音を聞いた時が思い起こされる。若手投手と私の関係と、大投手の江夏さんと若手捕手だった私の立ち位置を比較することは、大変失礼に当たるのだが、それを承知でここに書かせていただけるなら、私が江夏さんに食い下がり、ボール1個半ずらした意図を聞く勇気があれば、私はもっと多くのことを江夏さんから学べたはずだ。

そのチャンスはあった。若い頃、私はキャンプで江夏さんと同部屋になっていた。しかしその時、江夏さんに投球術について、もしくは配球について質問をすることは恐ろしくもあり、その発想すらなかった。あまりにも違い過ぎる存在ゆえ、会話を交わすという状況に思い至らなかった。

今思えば、それが悔やまれる。あの同部屋はチャンスだったのだ。しかし、私には試練でしかなかった。ただ、何かを得るには、恐ろしくとも1歩踏み出す勇気なり、無鉄砲さがなければ、誰しもが近づけない英知に触ることはできない。私は目の前の大きなチャンスを失い、その機会損失の大きさを、現場から離れた今、ようやく気づかされたのだ。

そしてもう1人、エースの西崎幸広は私のサインを信頼して投げてくれた。私よりも若く、素晴らしい投手だった。勝負がかかった場面、西崎はまず私のサインを見て、彼自身の狙いと違ったとしても、自分の中で覚悟を決め、心に踏ん切りをつけて勝負する投手だった。

江夏さんとバッテリーを組んでいた時より経験を積んでいた私には、西崎が本当に投げたかったボールが何だったのか、彼の醸し出す雰囲気から察知できるようになっていた。これは、投手心理を学び、西崎と数多くの修羅場を経験したからこそ練られた、ひとつのあうんの呼吸に近いものだったと感じる。自分の口から熟練の○○とか、究極の○○と表現するのは、非常にはばかられるのだが、言葉は交わさずとも、18・44メートル離れていても、西崎の心中を察せるようになったのは、ひとつの限界を超えたのではないかと感じている。

その背景として、私はブルペンでもよく西崎のボールを受け、練習の合間にもよく言葉を交わした。酒も一緒に飲んだ。ゴルフにも出掛けた。年上の私に対し礼儀を欠かさない律義さはあった。プライドが高く、勝負の中では対強打者から決して逃げなかった。整った顔立ちからは想像もできないほど、激しい闘争心の持ち主だった。

同時に、野茂英雄との投げ合いに執念を燃やしていた。また野茂に限らず、西武の郭泰源、それこそ近鉄の阿波野秀幸など、各球団のエースと投げ合うことが多く、対打者、対投手という観点からいつも勝負していた。旺盛な闘争心と、最後まであきらめない精神力。投手らしい投手と言えるだろう。

それが、年長の私とバッテリーを組むと、そこに若干の遠慮に近いものがあった。それは西崎がプロ入りしてから安定して2ケタ勝利を収めてきたことと関係があると感じている。

ルーキーイヤーから5年連続で2ケタ勝利しているのだが、15勝、15勝、16勝、12勝、10勝という素晴らしい成績だった。5年で68勝というのは、出色のエースと言えるだろう。だから、西崎が何かの折りに触れて言った「田村さんのサイン通りに投げていれば勝てるから」という言葉は、うれしい半面、多少の危うさも感じていた。

その顕著な例が、清原に完全試合を打ち砕かれたスライダーだ。繰り返しになるが、私はスライダーのサインを出し、西崎が見せた一瞬の表情から、西崎はストレートを投げたかったのでは？　との思いに駆られる。

結局、追い込まれていた清原はストレート待ちの変化球対応の中で、甘く入ったスライダーを左中間に運び、黄金期の西武相手の完全試合という夢のような快投は終止符を打つことになる。

もしも、私がより深く西崎を理解していたなら、少なくとも最初のサインを出す際、この日の西崎は清原に対してストレートで勝負したがっていると察知できたはずだった。スライダーでいいのではないか？　西崎もそう考えているだろう。そういう目論見の元で出したサインに反応した西崎の仕草が、果たして納得していたものなのか？　そこが正否の分かれ道だった。修羅場において、投手をよく理解しているか？　そこに捕手の本質が見える。

その投手の、その日の、その1球にかける思い。みなぎる自信か、一瞬の戸惑いか。その心理がボールに乗り移り、勝負のアヤは勝ちにも負けにも転がっていく。

だから、私は投手とはたくさん話せ、捕手から歩み寄って投手といろんな話をした方がいいとアドバイスをしてきた。知っておいて無駄になることはない。野球とかけ離れた時に見せる仕草や、言葉の使い方に、その投手の本音が隠れているのだ。それを感じることができなくても、接しておけばいい。絶対に必要な瞬間であれば、困った時、どうしても迷った時、それは必ずよみがえり、ひらめきとして捕手を助けてくれるのだ。

そう信じて、そこまで尽くして投手を見て、話して、理解しようと努めることが、まず捕手ができることだ。大切なのは手抜きなく、投手と向き合えることだと、今も信じている。

## 捕手が投手から信頼されるための道

捕手が投手から信頼される時というものがあり、私は2通りあると考えている。まず、ピンチで捕手のサイン通りに投げて打ち取った時。これは分かりやすいケースだ。それでも、細部を突き詰めて考えると捕手のサインに対して投手が納得しているか、他の球種も頭にあって迷っているか、この2つのケースが考えられる。

投手も納得していれば、それはバッテリーとして意見が一致しているためで、これは理想的なパターンだ。だが、そういう意見の一致は、厳密にはそうはないだろう、というのが私の見解だ。

これは先述したように、捕手と投手の関係性による。年齢や実績によって、捕手が優位に立っていれば、投手が捕手に依存する場合もある。納得は心底したものか、あらかじめ捕手のサインを尊重しようと心に決めていたかも含めて吟味しないと、意見の一致にも濃淡の差はあると考える。

では、投手が他の球種も考えていた時、捕手のサインを優先して打ち取れば、これは捕手への信頼が膨らむ。投手の中には自分の選択肢でも勝負したかったという思いは若干残る可能性はあるが、結果がすべての世界だ。

捕手を信じて投げて打ち取れば、少なくともその投手の捕手への信頼度は高まる。また、次のピンチでも同様のプロセスで捕手の考えを優先してピンチを切り抜ければ、さらに捕手は信頼されていく。

さらに、そうした心の機微を捕手が見抜き、投手の考えを丁寧に把握していけば、バッテリーとしてのクオリティーはさらに向上するだろう。そうなれば、お互いの意見の相違はあっても、それぞれの考え方の違いを理解した上で相手打者と勝負できるようになる。

どちらの考えが正しいかは、結果によって判断するしかない。どちらか一方の考えに偏るよりも、投手と捕手でその時その時の状況を打破しようと力を合わせた方が、双方が納得して思い切って勝負ができるようになる。


そして捕手が投手から信頼されるもう一つのケースは、投手が捕手のサインに首を振り、投手の考えを優先して打たれた時になる。

このケースでは、事実としてピンチで打たれているため、最悪試合に負けてしまうこともある。なかなか冷静な議論にはなりづらい。ある程度時間を置くなりして、捕手の方から丁寧な会話を心掛けなければ、結果論によって禍根を残すこともある。

投手心理に立って考えれば、投手の心情は複雑だ。捕手からすれば、自分のサイン通りなら結果は違ったはずだと思ってしかるべきで、投手はそういう心理状態で捕手と意思疎通をしなければならず、どうしても引け目や、場合によっては感情的になってしまう。

そこで、捕手が冷静に投手の狙いを引き出すことができれば、投手は自分を理解しようとする捕手の姿勢に好感を持つ。そうなれば、投手の狙いと、捕手の狙いのどこが分岐点になったのか、議論のスタート地点に立つことができる。

投手の言い分を理解し、捕手の狙いを共有すれば、仮に捕手のサイン通りに投げたとして、こうなったかな、ああなったのではないかな、と建設的な意見交換ができる。このコミュニケーションが次のピンチで生きるのだ。

少なくとも、投手は前回首を振って打たれた場面が頭をよぎるだろう。そこで捕手の考えに思いを巡らす余裕があれば、投手の選択肢は広がる。そこで、捕手のサイン通りに投げて打ち取れれば、両者の関係性は一歩先に進む。

逆に打たれたとしても、前回と同じようにそれぞれの考え方を意見交換すれば、経験値としては積み重ねになる。

もちろん、結果優先の社会だけに、打たれたことも、失点したり、試合に負けたりすれば、それは大きなマイナスになる。同時に敗戦の中にあっても、次回への教訓、学びを得ることは、プロの世界ではとても重要なことになる。

## 「魔のワンボール」で出すサイン

私は江夏さんをはじめ、若いころはベテラン投手陣とたくさんバッテリーを組ませていただいた。この本では主に私が正捕手になってからの話が多い。私が年長者の捕手としてのエピソードばかりだが、私も駆け出しのころは、若輩として先輩投手陣の考えに食らい付くことで精いっぱいだった。

バッテリーはキャリアがものを言う特殊な環境だった。まず、私は先輩方から学ばせてもらう立場だった。最初にこれまでの習わしを覚え、そこで結果を出してから、少しずつ自分の考えを出すようにした。それがプロ野球の世界では常識的な若手の歩む道だった。

当時、私よりも少し年下だった西武の伊東勤も、レギュラーをつかみかけた時は、年上の投手ばかりだった。松沼兄弟（博久、雅之）や東尾修さんなど、個性的な投手の中で、多くの学びと苦労があったと聞いている。

私が所属していた日本ハムは、当時はなかなか優勝争いに絡めなかった。私が試合に出始めた84年から、10年間でチームは93年の大沢啓二監督のシーズン２位が最高で、Ｂクラスが７回という低迷ぶりだった。

その中で、今もはっきり覚えている。捕手としての壁に当たった。ベテラン投手陣の考えの前に、私は自分の配球の考えを説明することもできず、苦しんだ。それが、魔のワンボールというカウントだった。

ワンボールからのリードは、今も忘れることができない。私はフォークのサインを出すことがあった。すると、ベテランの投手陣から総じて「ワンボールからフォークなんてないだろ！」と怒られ、首を振られた。それが当時のプロ野球界のスタンダードだったのだと思う。

投手陣の言い分はこうだった。ツーボールにはしたくない。そこでなぜ、コントロールが難しく、ボールになる確率の高いフォークなんだと。フォークはワンバウンドになる確率が他の球種に比べて圧倒的に高い特殊球。そこで打者に冷静に見逃されたら、もしくは投げた瞬間にワンバウンドのボール球になったら。打者が圧倒的に有利なツーボールのバッティングカウントになる。

ツーボールになると、バッテリーはますます苦しくなる。次の1球はほぼストライクゾーンに投げざるを得なくなる。これは投手からすればつらい。つまり、ツーボールとは、投手からすればそれほどまでに避けたいカウントだった。

ワンボールになった時、多くの投手はツーボールを避けようとして、何とかカウント1—1にしようと腐心する。そのために、ワンバウンドの可能性が高いフォークに対して首を振るのだ。

しかし、捕手からすれば何とか次の1球で1—1にしようと思ってフォークを選択している。打ち気満々な打者ならば、ボールが先行した時点で、次の1球は真っすぐだろうと狙いを絞るケースが多い。そこへ真っすぐの軌道からフォークを落とせば、ある程度の確率で空振り、悪くてもファウルでストライクが取れる。

私はそう感じ、また戦略をもってサインを出したのだが、私の考えは封じられることが多かった。「ワンボールからのフォークはない」。当時のセオリーからすれば、私の考えは理解されなかった。そして、それを説得して分かってもらえる努力も、足りなかったと思う。

ワンボールになって、投手が思い描くのはストライクゾーンで確実にストライクを取ることだった。見逃し、できれば空振り。ファウルでもいい。根底にストライクゾーンに投げる意識が強かったと感じる。

私は少し違う。ワンボールで打ち気になる打者ならば、真っすぐに狙いをつけているはずだから、その打者心理を逆手にとってのフォークという考え方だった。そして、そこでフォークを使えば、次の打席以降もそのフォークの使い方が布石となって、投球の幅が広がる。

次打者もワンボールからのフォークという配球を見ているはずだ。そこでいろいろ考えてくれれば、こちらも選択肢が増える。まず、カウント１―１に戻すためではあるが、試合全体で考えた時、ワンボールからのフォークの意味は決して小さくない。私はそう考えていた。

## 捕手生活で経験した苦い思い出

ここでやはり捕手を長いことしていれば、私にとって不都合なことも思い出し、しっかりお伝えしないといけないだろう。

私は魔のワンボールとして、先輩方が投げたがらなかったフォークについて解説してきたが、かく言う私もワンボールからのフォークで、後輩投手と意見の相違を経験していた。

松浦宏明。85年（84年秋のドラフト）にドラフト外で入団し、日本ハムの先発陣に食い込んだ繊細な感覚を持った投手だった。88年には堂々の15勝5敗4セーブという成績を残している。その松浦はブレーキのよくかかったカーブと、フォークを軸にシュートも交えて、制球と緩急で打者を打ち取るタイプだった。

松浦は初球のカーブが外れてボールになると、フォークを投げようとしていた。先ほどから私が力説してきたワンボールからの配球だった。私は違った。松浦のカーブはよく落ちる、そうそう狙っても打てないほど完成度の高いカーブだった。ワンボールからもう1球カーブでも十分にカウントが取れると感じていた。

松浦の考えはこうだ。打者はカーブが外れてワンボールになると、こう考えがちだった。ツーボールにしたくない投手は、真っすぐでカウントを整えにくると。その打者心理を利用して、軌道は途中まで真っすぐのフォークならば空振りか、ファウルでカウント1―1に戻せると――。

しかし、私は先述したように、いいカーブを持っているのだから、もう1球続けても、という思いが強かった。そんなケースが続き、私のサイン通りに投げていた松浦は、やがて自分の考えでピッチングを組み立てたいと考えるようになった。

そして、私のサインに首を振るようになる。そう、ワンボールから私のフォークのサインに往年の先輩方が首を振ったように、松浦も首を振った。はからずも同じシーンに、私は時を経て遭遇したのだ。

松浦には自信もあったのだろう。そして首を振る場面が増えた時、私から松浦に伝えた。「自分の考えがあるんだろ？　自分でやってみろよ」と。言葉尻を見れば、後輩投手に対して、歩み寄り、松浦の意思を優先したように聞こえるかもしれないが、私の本心は違った。

「俺のサインを信用できないんだろ。それなら自分でやってみろ」という思いだった。つまり、突き放したようなものだった。ここにも、まだまだ修業が足りない捕手・田村の限界があったのだと痛感する。

このやりとりをしたのは、90年のシーズンだったと思う。次の登板で、松浦は自分からサインを出すチャレンジをやり抜き、見事に完封勝利を飾った。私は本の冒頭で、投手が自分でピッチングを組み立てることの難しさを解説しているが、実は松浦はそれをやってのけていたのだ。

私は松浦の出すサインを確認して受けた。実質的に配球を後輩投手に委ねたのだ。そして完封した松浦を祝福し、表面上はチームの勝利を喜んでいたが、自分の存在意義を問われる事象に、内心はささくれだっていた。しかし、それは心の中に閉まっていた。

完封して松浦は自信を深めたはずだった。だが、プロの世界は厳しい。松浦はすぐに行き詰まる。自分の考えたピッチングで結果が伴わなくなる。苦しんだはずだ。そこで、私が助言をしたり、私がサインを出したり、松浦がサインを出したりと、ミックスしても良かったかもしれない。

しかし、私は傍観していた。苦しむ松浦を見ながら、心の奥底では「できることなら、何とかしてやりたい」と思いつつ、プロの投手の意地もあるだろうからと、見守るしかなかった。勝てなくなった松浦は私に頭を下げた。「サインをお願いできませんか?」と。私は「自分でやるんだろ?」と、その時思ったままを口にした。松浦は「お願いします」と再び配球を頼んできた。もう、それ以上私は言わなかった。

まず、配球を考えるのは捕手の役割だ。大切な任務だ。それを、松浦が志願してきたとは言え、後輩の投手に任せた時点で、厳密に言えば捕手失格だろう。

ピッチングの組み立てに苦しむ松浦を見ながら、私の心理は、配球の難しさに直面する松浦を少し冷ややかに見ていたのかもしれない。それは捕手のエゴだったのだ。私にとって、捕手生活でも忘れることができない苦い思い出だ。

## 捕手の最大の使命とは何か？

私はこの章で、私の考える捕手像を解説してきた。これは、経験上から来るものであり、その経験の中には投手から認めてもらえずに苦しんだ背景も、年長者の捕手として、後輩投手のチャレンジにしっかり向き合えなかった反省も含まれている。

捕手とは時系列の中で生きている。それは投手も野手も同じなのだが、少し事情が違う。捕手は投手と対になって仕事をしなければならない。投手は捕手と対になる側面もあるが、投手自身の力量を上げなければ、競争のスタート地点に立てない。

捕手はスタート地点に立った投手と組んで、打者との対戦に思案を深めていく。投手の力を引き出し、その延長戦上でチームを勝利に導いていかなければならない。

そのためには、捕手は必ず投手の気持ちを理解しなければならない。それは、表面上仲良くすることではなく、表面上はあまり反りが合わなくとも、いざという時に意見交換ができる間柄でなければならない。

同じ方向を見て、打者を仕留めていく。それはいつだってピンチの時だ。追い詰められた時に気持ちを合わせる術を、捕手が知らなければ強打者には立ち向かえない。だから、日ごろから話をしろ、と私は若い捕手にアドバイスをしてきた。

さらに言えば、捕手も若い時、中堅、そしてベテランと年を経ていく。その中で、投手との関係性で言えば、捕手よりも年上か、年下かで、付き合い方も変わってくる。その時々に応じて、投手の心情を理解しなければならない。つまり、自分さえ良ければいいというプロ野球選手にありがちな自分本位の考え方では通用しないということだ。捕手としていかにキャッチングがすぐれ、強肩で、打てる捕手であろうが、投手の力がなければ捕手は無力だ。

まず、第一義として投手の力を引き出すのが捕手の最大の使命になる。捕手の評価を上げるには、勝つ捕手か、打てる捕手という大前提はあるが、投手を勝たせる捕手というのは、そのすべての前提の先頭にある。それこそが、捕手としての最大の使命、役割だ。

いかに捕手としてずば抜けた力量を備えていようが、ベテラン投手の技を感じ、ルーキー投手の心細さを知り、中継ぎ投手の崖っぷちの必死さを見て、抑え投手のギリギリの精神力と向き合わなければならない。

いつも、投手を見て、ボールを受けて、それを継続して、捕手から歩み寄って話し掛ける。それが捕手としてもっとも大切なことだ。ボールを受けて、いい時も悪い時も、会話の糸口を探し、心を開かせる。私がもっとも伝えたいことはそこに尽きる。

今は、いいことも、悪いことも合わせ、清濁併せ呑む の心境でこの本に向き合っている。これから捕手を目指す選手、捕手の難しさに直面している選手に、是非知ってもらいたい大切なことだとして、お伝えしたい。

捕手が投手のボールを受ける役目であることに、これからも何も変わりはない。球審のコールで、試合はスタートラインに立ち、投手の第1球で動き出す。それでいい。そのほんの数秒前に、捕手がサインを出し、すべては始まるのだが、それはいつの日も、目立たず、そっとさり気なく、注目されない存在であってほしい。

＜書籍特別企画＞

# 仮想対戦シミュレーション

バッテリー 西崎幸広―田村藤夫

# VS. 大谷翔平［ドジャース］

配球図

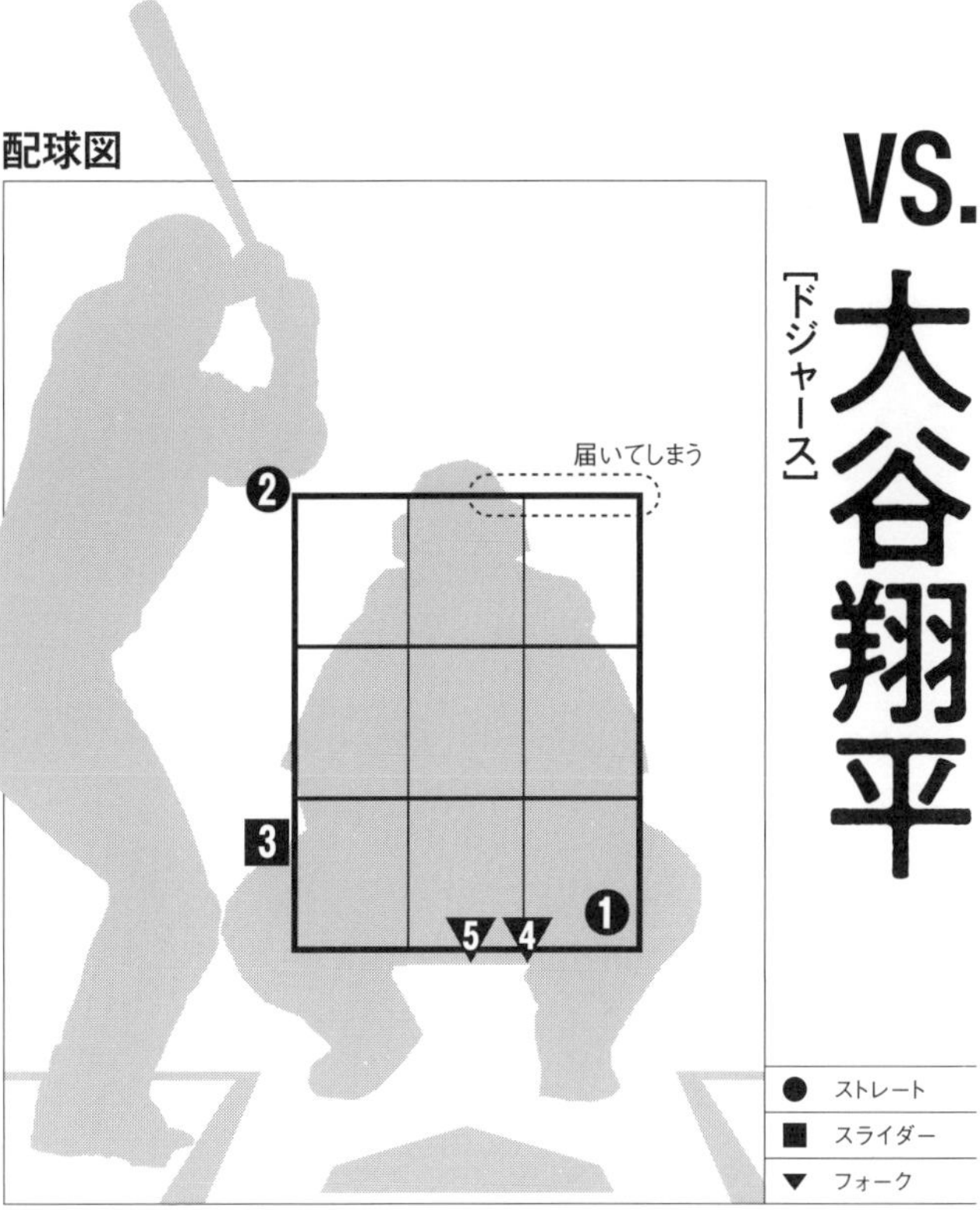


## 世界最高クラスの類まれなる技術

今回、ベースボール・マガジン社さんから、こうして私の本を出版していただく機会に恵まれた。その中で、もっとも私を悩ませたのが、最強打者・大谷翔平との仮想対戦シミュレーションの企画だった。

これは捕手としての発想力、力量が問われる試みだが、私にとって相当ハードルが高いものになった。少しでもプロ入り後の大谷をコーチとして観察するチャンスがあれば、多少なりともヒントはあったかもしれない。

同じ日本ハムの出身だが、大谷とは関わりがなかった。

　さらに、これがもっとも気が引けた要因なのだが、私にはメジャーリーグでプレーした経験がない。プロ野球ではある程度の経験を積んだため、プロ野球に関しては経験も踏まえて解説に取り組んできた。


　ゆえにそのカテゴリーを経験しているか、していないかが、プロの世界ではとても大きいことを知っている。それで大谷を封じる配球を読者の皆さんに披露するなど、図々しいにもほどがあると思っているが、それでは自分自身の気づきのチャンスも失ってしまう。現役時代のように資料、実際に対戦したデータの蓄積もない中、あくまでも空想の中で、捕手・田村藤夫が当時の日本ハムのエース・西崎幸広とバッテリーを組んで勝負したら……どんなことをマスク越しに考えながら、配球を組み立てるかをやってみたい。


　まず初球。この入り方がもっとも難しい。勝負球を逆算して入り方を決める捕手もいるだろう。どちらかと言えば私も勝負球を念頭に入りを考える方だ。勝負球をイメージして、そのための初球という考え方だ。

　走者がいる、いないで初球の入り方は変わるが、あれだけの長打力を誇る大谷が相手であれば、**外角低めの真っすぐから入りたい。**

　理想はストライクゾーンギリギリのアウトローとなる。少しでもボールが浮いたら打たれてしまうだろう。ここは絶対に低めであること。そして、できるならストライクが欲しいが、ストライク欲しさにボールが浮くのだけは絶対に禁物だ。ボールでもやむを得ない。そういう共通認識で、西崎となら意思の疎通は取れるはずだ。

　ストライクが取れればワンストライク、仮に外れてもワンボールからのスタートとなり、ここでの**2球目が最も大切なボールになる。インハイの真っすぐで、ボール球にする。**このボールの持つ意味は、大谷の上半身をのけぞらすことにある。ゆえにボール球ということが肝心だ。決して中に入ってはいけない。少しでも甘くストライクゾーンに入れば、間違いなく仕留められるだろう。体を起こす、バランスを崩すということであれば、腰のあたりを厳しく攻めても構わないが、できれば上半身を起こしたい。

つまり、上半身が起きれば、体勢が崩れる。この先の配球のために、ここでいかに厳しく大谷の上半身を動かせるか。布石としてなくてはならない1球と言えるだろう。

1球目がアウトローへの真っすぐ。2球目がインハイへのボール球の真っすぐ。対角線で攻める。1球目の残像があれば、2球目のインハイはより大谷にとって体の近くに感じるはずだろう。この相対的な〝感覚のズレ〟を利用して、理想の2球で1―1のカウントにすること。最悪は2ボールとなるが、相手は大谷、2ボールもやむなしというのが私の感覚だ。

強打者には対角線や緩急を使い、ピッチングの幅を最大限に生かし、外角低めはより遠くに感じさせ、インハイは打者に若干の怖さを植え付けるくらいの厳しさを求めたい。はっきり言って、大谷はゾーンで勝負する打者ではない。

何度も修羅場をくぐってきた西崎とのバッテリーで、大谷と対戦するのならば、なりふり構わずに内角を攻めなければならない。それは絶対に避けては通れない1球になる。多少都合良くなるが、カウント1―1として話を続けるならば、**3球目はいよいよ勝負をかけるボールになる。私は内角低めへのストライクからボールになるスライダ**

**ーを選択する。**

これはボール球でもいい。軌道としては、ストライクゾーンからボール球がベストだが、大谷が振ってくることを予想しての1球になる。

ストライクゾーンからストライクでは、話にならないだろう。まず間違いなく長打を浴びるはずだ。カウント1―1、たとえ2ボールでも、大谷はバッティングカウントで振ってくる確率が高い。ここでファウルを打ってくれれば、ラッキーだ。ストライクが稼げる。

西崎はそういう制球をきっちり実行できる投手だ。ストライクからボール球ならば、打ってもファウル。ここでスイングしてくれると、その後が勝負しやすくなる。2球目までの対角線の効果は、この3球目に手を出してもらうための、いわばまき餌と言えるだろう。

ただ、いつまでも明らかなボール球を投げていては、はなから勝負にならない。どこかで腹をくくって勝負にいかなければならない。その1手が、3球目の内角低め、膝元へのボール球になるスライダーとなる。万が一にも、大谷が引っかけてくれたらという一縷の望みは密かにあるが、そうは簡単にはいかないはずだ。

ここまでの3球で、何とかカウントを2―1としたい。ここが生命線だ。3ボールとなってしまっては、もはや勝負あり。走者がいる場面であれば、3ボールとなってしまったら、あとは運を天に任せてシングルヒットなら御の字という攻め方しか残されないだろう。何とか2―1としたら、**4球目、5球目は同じコースを続けて攻める。初球のアウトローよりも、やや中へ、フォークを連投する。**決してベルトよりも上には行かないこと。すっぽ抜ければ、もはやノーチャンスだ。

ここは西崎の勝負師としての

度胸次第だ。絶対にボールを浮かさないこと。カウントを悪くしたくないからと、安易にストライクを取りにいこうなど、ちらりとでも思ってはいけない。低めにストライクはいいが、しっかり落とすことだ。2球のうちどちらかに手を出してくれればラッキーという狙いになる。つまり、最悪は、冷静に見られて外れて四球もやむなしということだ。

大谷と対戦する時、四球が最悪と思ってはだめだろう。最悪はホームラン。そして、そのホームランは、かなりの確率であり得るという心の準備がバッテリー間で必須と言える。

こうしてみると、アウトロー、インハイ、膝元、そして再び外寄りの低めでの組み立てになっている。安易にストライクゾーンは最初からあり得ないのだが、アウトハイも同様に初手から頭になかった。

なぜならアウトハイに届いてしまう、これが大谷というバッターの恐ろしいところだろう。そこを突けないために、初球、2球目で対角線から入り、3球目の膝元へのスライダーでファウルを打たせ、4、5球目で勝負することになる。

アウトハイへの配球をバッテリーから消させてしまう規格外の存在として大谷というバッターを考えた時、その攻略への道筋がいかに至難の業であるかが、今回のトライアルから改めて理解できた。

実際に西崎とも何度か話してみたが、奇しくも彼も私と同じ見通しを立てていた。「最後は外への落ちる球ですかね?」と。今のようにツーシームやチェンジアップなど、動くボールはほとんどなかった。

真っすぐ、スライダー、カーブ、フォーク。ある程度限定された球種の中で大谷と対戦するのは、いかに空想の世界といえども無謀に感じた。

# VS. 牧 秀悟 【DeNA】

配球図

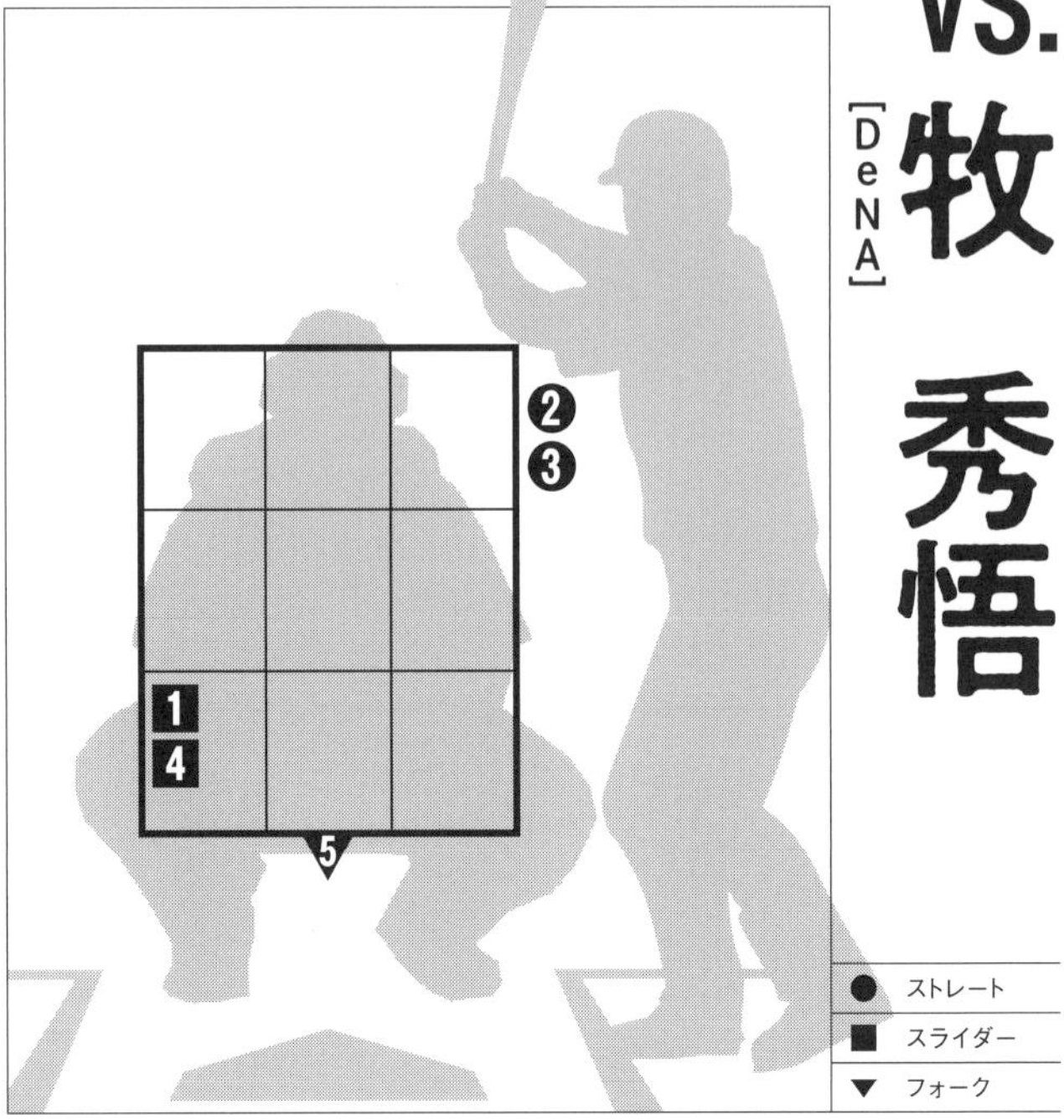


## 「広角の鬼」をどう攻略するか？

分厚い体にパワーを秘め、右にも飛距離が出る実に怖いバッターの1人だ。

積極的にバットをどんどん振ってくるところも要注意で、**初球の入りは慎重になるしかない。まずは外角低めにスライダーが妥当だろう。**ここはコントロールミスが絶対にできない基点となるボールだ。

この初球でしっかりストライクが取れれば、攻略への大きな1手となる。ただ、外れてもやむなしだろう。大切なのは甘く入って長打を打たれないこと。その1点に尽きる。

狙ったコースに制球していれば手を出しても長打になる可能性は低く、内野ゴロ、そういうイメージだ。

細心の注意を払ってアウトローへのスライダーで火ぶたを切ると、ここでのカウントが1ストライクでも、1ボールでも、**2球目、3球目はインハイへの真っすぐで勝負したい。**マウンドの西崎には持ち前のハートの強さで、インハイへの際どいコースにしっかりと投げきってほしい。

そのための初球アウトローへのスライダーということだ。アウトローと、インハイの真っすぐの組み合わせで、より2球目、3球目がバッターには厳しく感じる。できるなら、ここで牧の上体を起こしたい。2球目、3球目のどちらかをファウルしてくれれば。できることなら3球目までに2ストライクと追い込めれば理想的だ。

そして、**いよいよ4球目は勝負球として、初球とほぼ同じコースへスライダー。**まだ初球の残像が牧の中にあると仮定し、さらに2球目、3球目の内角攻めが効いていれば、思わず手を出したくなるのではと考えての4球目となる。

もし、ここを冷静に見送られた時、カウント2―2ならば、**5球目は真ん中低めにフォークを落としたい。**バットに当てられても内野ゴロ、もしくは空振りを奪えれば、最高の結果と言える。

私は現役時代に対戦したことはないが、タイプとすれば井口資仁（元ダイエー、ロッテほか）に近いか。長打力を秘め、右方向にも長打が打てる。真っすぐに強く、広角に打ち分ける特徴がかぶる。

配球図

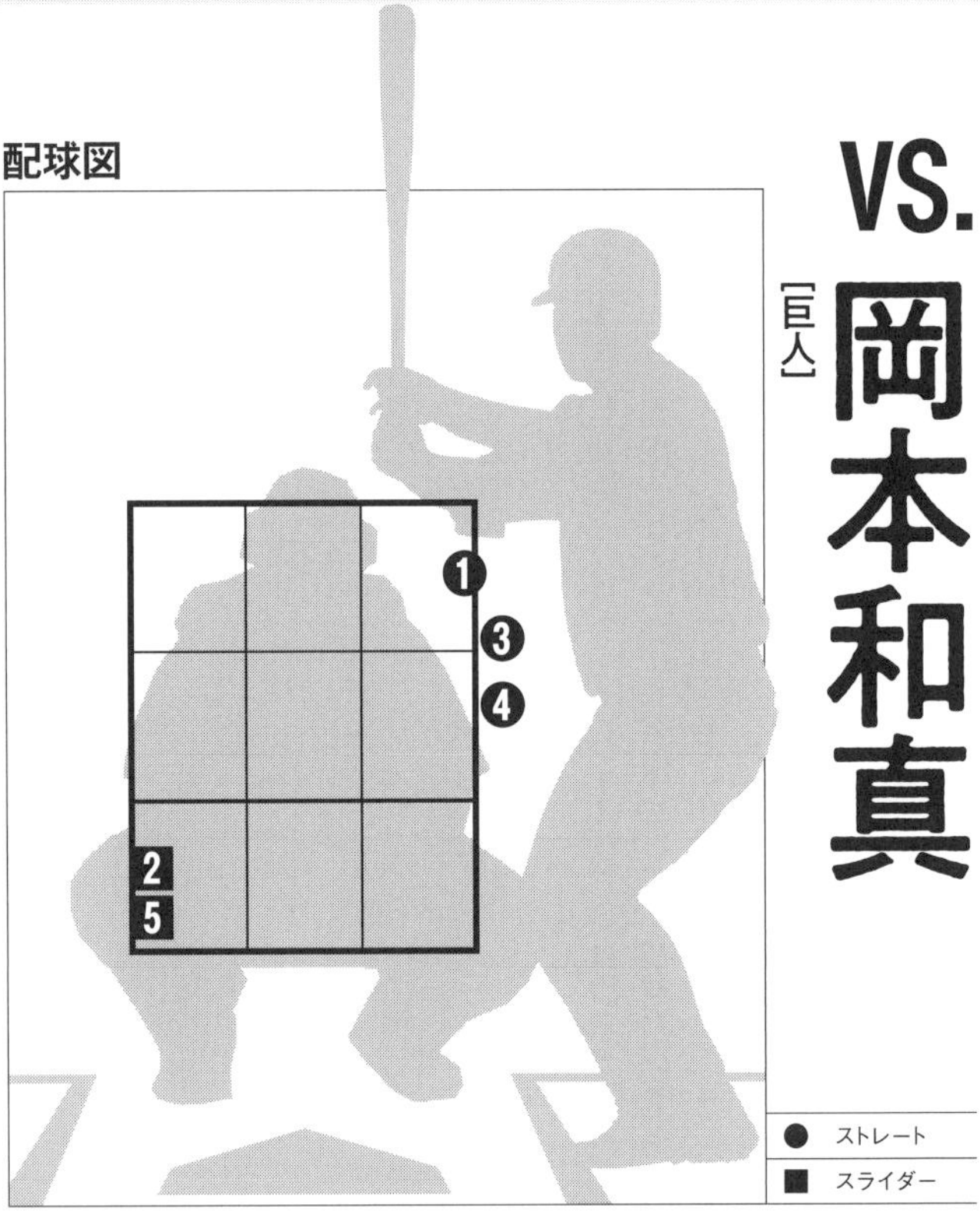


# VS. 岡本和真
【巨人】

## 典型的な強打者への配球

オーソドックスに、きっちり攻めたい右の強打者として、現在の日本球界でぱっと頭に浮かぶのが岡本和真だ。

何度か打席を観察して感じたのは強打者の共通点だが、内角に意欲的な点だ。もちろん、内角は制球を少しでも誤ると、長打を浴びるもっともリスクの高いボールだ。

ただ、得意なコースであるがゆえに、初球は手を出してくることを予測した上で、**内角目いっぱいの真っすぐを選択した。**手を出してもファウルがベストで、ここでストライクを奪い、先手を取りたい。言うまでもなく、甘く入れば一気にスタンドに運ばれる危険をはらむ。

ゆえに、決して制球を間違えない経験値、私の狙いをしっかりと理解した投手でないと、初球に内角真っすぐからは入れない。この企画では西崎とのバッテリーとして対戦するならという前提条件がある。まさに西崎であるなら、こちらの意図を正確に汲んで、しっかりコントロールしてくれるはずだ。

仮に見逃しても、ファウルでも1ストライクからスタートできると、その後の配球に多少の勝機が見えてくる。

ただ、あくまでもこれは理想的な配球として組み立てている。こうした流れで狙い通りに打ち取れることなど、実際の試合ではほとんどないことはお伝えしておきたい。

**2球目はアウトローへのスライダーを選んだ。**これは大谷翔平や牧秀悟と同じで、特に強打者に対してはアウトローとインハイの対角線は配球の根幹となる。いかに、外のボールを遠く感じさせるか、いかに内角を近くに体感させてバランスを崩すか。そこに強打者の感覚をいわば動かす、もしくは狂わすための工夫をする。

初球のインハイでファウルを打たせた場合、2球目のスライダーは岡本からすればより遠く感じるはずだ。初球によって内角への意識を高めておいて、そこからのアウトローへのスライダーという組み合わせだ。ストライクならベスト。ストライクからボールになっても構わない。甘くならないこと。そこさえクリアしてくれれば、最悪でもカウント1―1として、次の勝負に入っていける。

**3球目、4球目は再び内角に真っすぐを続ける。**初球インハイから入り、2球目をアウトローへ遠く感じさせ、近く→遠く→近くとギャップを連続させて、岡本の目線を動かす。理想から言えば2球目までに2ストライク。2ストライクと追い込めていれば、3球目、4球目はボール、ボールでも構わない。

岡本の好きな内角に2球続けるが、この2球で岡本の体を動かしたい。避けさせるくらい厳しく内角を突く。体の近くに投げる勇気と制球が必要になる。投手には当然、打者に当てたくないという心理が働く。死球で出塁させたくないからだ。

死球を恐れて甘くなる。これが最悪だ。そこの分かれ道をよく理解できる投手でないと、最後の詰めの5球目にまで到達できないし、強打者を仕留めるためには避けては通れない。体を起こす、バランスを崩す、体を十分に避けさせる。そういう意味を十分に分かって投げないと、意味がなくなる。

2ストライクから2球続けて内角を突き、これでカウントは2—2。初球は近く、2球目は遠く、3球目は近く、4球目も近く。**そして、勝負球の5球目は「遠く」へスライダーで決着をつける。**

2球目で使ったアウトローへのスライダーとほぼ同じか、もう少し低く。このコースにピタリと来れば、私の願望としては空振りを奪いたい。こちらの都合通りに決着しないのは重々承知しているが、これが西崎と組んで攻めるならば、ひとつの攻略の基本形となる。

配球図を見ていただければ一目瞭然だろう。内角高めへの真っすぐと、アウトローのスライダー。この2種類しか使っていない。実にシンプルな配球になるが、捕手・田村の強打者に対しての根本的な攻略のベースとなる考え方は、ここを軸にしている。

# VS. 近藤健介

【ソフトバンク】

配球図

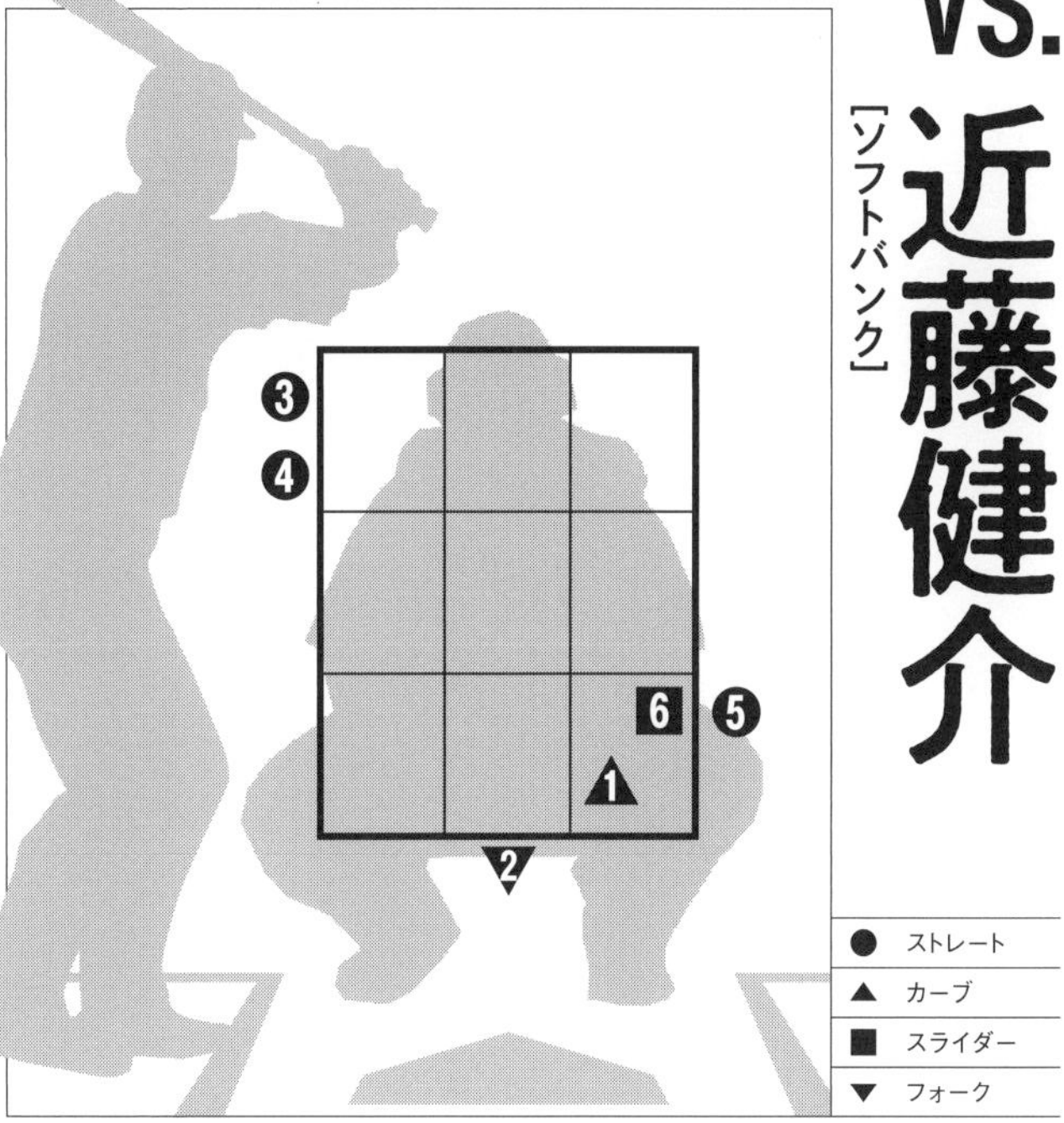


## 難敵との駆け引きと勝負の鉄則

映像を録画して、何度も何度も繰り返し見て、対策を練った。近藤健介はどこでもヒットゾーンに打てる、実に難しいバッターだ。この企画で、どれも私に都合良く解釈しながら攻略への道を探ったが、近藤もかなり頭を悩ませた。

まず初球の入り方からして難題だった。できるなら、見逃しで先手を奪いたい。バッテリーを組む西崎の変化球はカーブ、スライダー、フォーク。この中で近藤に対して有効となり得る

**初球、熟考した揚げ句、カーブを選んだ。**

私が確認した映像の中で、比較的カーブに対して見逃す場面があり、それを参考にさせてもらった。外角低めにカーブ。ここは見送る可能性が高いと判断して、ストライクが欲しい。

ここまで仮想対戦企画を進めていると、どんどんこちらの都合良く状況を設定していくため、だんだん図々しくなってしまうのだが、ここは何とか初球は外角低めのカーブでストライクから始めたい。

ワンストライクとして、**2球目は真ん中にフォークを落とす。**これはボールでいい。幸運なことに手を出してくれれば、内野ゴロだろうが、ことはそう簡単に運ばないことは、私は身をもって経験している。近藤は低めのボールに対しては選球眼がめっぽういい。まず間違いなく見るだろう。手は出してくれないはずだ。

カウント1―1。**3球目と4球目は2球でどちらかファウルを打たせたい。インハイの若干ボール気味を続ける。**

私の狙いからすれば、ここのコースに手を出しても、さしもの近藤でもヒットゾーンには運べないはずだ。詰まってライト前にポテンヒットということはあり得るかもしれないが、3球目、4球目のどちらかで1つのファウルを打たせる、それが私の狙いだ。

これで理想は1―2、最悪でも2―2として、正念場に入りたい。**5球目はアウトローへ真っすぐ。**これは初球のアウトローへのカーブと近いコースに欲しい。ボールでも構わない。次なる6球目の勝負球のため、甘く中に入らないこと、しっかり低めに制球してほしい。

選球眼のいい近藤は見逃して理想型は2―2、最悪でもフルカウント。6球目の**勝負球は、**

**5球目のアウトローよりもわずかに内側へ、スライダーで仕留めたい。**左打者の近藤に対し、右腕の西崎は外のボールゾーンからストライクゾーンへ曲げて入れる技術がある。

5球目のボール球があるからこそ、6球目のゾーンに外から入ってくるスライダーを見逃してくれるのではないか。ほぼ願望に近いが、その可能性に懸けたい。仮に手を出してもセカンドゴロになるはずだ。

どれも実績十分の強打者に、手前みそで攻略法を考えさせてもらったが、大変苦労した。どの打者に対しても、初球の入り方、アウトローとインハイの対角線を軸にした組み立て、勝負球の選択、いずれも悩みに悩んだ。こうあってほしい、こうなれば、いずれも空想の中で思い描きながら、仕留める前提で書かせていただいた。そんなに簡単ではないし、こちらの思うように進まないし、そんなに単純ではない。

どんなに少なくても、捕手として3連戦を2カードは経験させてもらった中で、その打者とは4打席×6試合として24打席は対戦して、初めておぼろげながら攻略の糸口が見えてくる。

長いシーズンを通して打者の調子がいい時、悪い時も含めて見極める時間があれば、より多くのことをチェックして引き出しは増えるだろう。ただ、選択肢はあっても、最終的には「勝負する1球」では腹をくくるしかない。

仮想シミュレーションの中であれやこれや、さまざまな思いを巡らせながらの作業は実に難しく、新鮮だった。

打ち取る前提で配球図を都合よく考え、こうして書かせていただき、各強打者の皆さんには申し訳ない気持ちがあることだけは、今回の企画の最後に記しておきたい。

# epilogue
## エピローグ

ここまで私が感じた捕手にまつわるエピソード、そして解説を夢中で書いてきた。野球未経験の方にとっては、なかなか理解しづらいこともあったと思う。

また、捕手と投手の心理を深堀りした部分も、少なからず捕手から感じた、あるいは捕手・田村からの主観的な思惑が強く、違う感じ方や、考え方もあるであろうと認識している。

すべての人が納得する捕手の在り方とは、私が記してきた内容とは異なっているかもしれないが、私の経験をもとに、全力でまとめたものとしてご理解いただければありがたい。

野球は1球ごとにバッテリーがサインを交換し、意思を確かめながら、打者と勝負して進めていく競技だ。そこには常に「間」がある。よって、ベンチからの指示も伝わりやすく、首脳陣がある程度自分たちの戦略をバッテリーに伝達することもできる。野球はそういう性質を帯びたスポーツだ。

ただし、すべてをベンチの判断に委ねては、捕手のオリジナルな感性は育たない。やはり、試合の大事な局面では、捕手の研ぎ澄まされた感覚は重要な判断材料にならなければならない。その感覚を研ぎ澄ますために、打者を見て、試合の流れを読んで、1球ずつをつなぎ合わせて、捕手の戦略として、そしてバッテリーとして強打者を攻略していくしかない。

だから、私たち捕手はやりがいもあり、責任も大きく、打たれた時にはまず最初に矢面に立つのだ。批判されることを栄養に変えるくらいの太い神経を持ち、一方で、繊細な投手のメンタルを汲み取ってやる配慮も備えていなければならない。結果を引き受けて、かつ、投手をけん引していく捕手への道は何とも険しい道のりだ。

そして、すべてはピンチの時、投手と心を合わせて強打者に立ち向かうためだ。そのために、投手を知り、打者を見て、ひたすらその時の最適解を目指す。

考えてみれば不思議だ。あれだけ多くのボールを受けながら、大切な局面では投手と捕手の思惑がぴったり一致することは、それほど多くないのだから。捕手の心も揺れ、投手も気分が上下して、試合は進んでいく。感情は常に浮いたり、沈んだりしながら、何とか力を合わせて9回をしのいで、勝利の握手のために船をこぎ続けるしかない。

この局面で、捕手・田村はこのボールを選択する。「ここに来い、この軌道で曲げてこい」「高めはダメだぞ、低く、低く、ここに目がけて思い切り腕を振ってこい」など、そういう思いでミットを構える。

その思いが投手に届いていれば、あとは勝負だ。打者が仕留めるか、我々バッテリーの「頭脳」が勝るか、勝負は時の運。そこに行き着くまでに、私たちは言葉を尽くし、サインを出しては確認して、最善の1球を模索する。

違う個性の投手と捕手が18・44メートル離れているからこそ、多くのドラマが生まれるのだ。投手と捕手の思惑のズレ、意見の対立、ベンチも含めた情報の錯綜、そうした波乱を含めて私はサインを出し続けた。

もちろん、失投もある。暴投もある。私の出したサインに不満を感じながら投げる投手だっていた。だが、だからと言って打たれるとは限らない、それが野球の難しさ、面白さと言える。

こうすれば抑えられるという「正解」などないのだ。しかし、あるはずだと私たちはそれを求めて、その誰も到達したことのない「100パーセントの正解」に1ミリでも近づきたくて、何度も何度もサインを出して、ミットを構える。

その日、見逃し三振を奪ったとしても、あるいは、三振でバットが空を切ったとしても、また次の対決がすぐに待っている。その営みは終わることはなく、その打席の決着はついても、ついにどっちが勝ったかは、トータルの対戦成績でも明確にはならないのだ。

どうしても仕留めたかったあの打席で、打たれたあの1球が、捕手にはいつまでも胸に残る。そのほかの仕留めた1球たちは忘れてしまって、悔恨の1球だけが心に残るのだ。

それを力に変えて、教訓に落とし込んで、今日も捕手はミットを構える。やりがいのある、つらくて大変で、面白い、素晴らしい場所だ。私はそう断言する。これは野村さんの名言だ。

「投手を含め野手全員がホームを向いている中で、ただ1人だけ、逆を向いてしゃがんでいる、それが捕手だ」

考えて、考えて、話し合って、悩んで、指を動かす。まず、捕手から「このボールで行こう」の提案が、試合を動かす。

すべては捕手の右手から始まる。野球が織り成す数々のドラマ、勝負の悲哀、感動の対決、そのすべてが例外なく、捕手の右手のサインから始まっている。私はそれが誇らしい。

最後に、スタンドやテレビ観戦してくださる皆さんには、捕手の右手は見えないと思いますが、どうぞ想像してみてください。ああ、捕手が今、サインを出しているんだなと。投手はそのサインに納得しているのかな？　迷っているのかな？　そこから捕手の右手を巡る、野球の素晴らしく、奥深い世界がきっと広がるはずです。

出版にあたり、私にこうした素晴らしいチャンスをつくってくださったベースボール・マガジン社の松井進作さん、北海道日本ハムファイターズの高山通史さんには、この場を借りて深くお礼を申し上げたいと思います。

この本によって、1人でも多くの少年少女が「捕手」に興味を持ち、もしくは現在捕手として頑張っている選手に、さらに捕手であることのやりがいを感じる一助となれば、一生懸命この本を執筆した甲斐があります。

田村藤夫

# 構成担当のあとがき

いつも野球に対しては誠実に向き合う田村さんですが、担当記者との毎日のやりとりの中で時折、プロ野球選手としての一面をのぞかせます。

2022年2月、キャンプ取材初日。レンタカーで那覇空港に田村さんを迎えに行き、荷物をトランクに入れると、宿舎までの車内で私はこう切り出しました。

**担当記者** 今年でキャンプ取材も3年目になります。よろしくお願いします。
**田村さん** ああ、よろしくな。
**担当記者** 今年はキャンプ取材の移動中に、やめてほしいことがいくつかあります。
**田村さん** なんだそりゃ！
**担当記者** まず、食事の用意はしますが、用意する時間がなくてパンしかない時に「パ・ン！」（甲高い声で）と言うのはやめてください。
**田村さん** ……。
**担当記者** それから運転は当然私がしますが、運転中に「右の車線に入っておけ」「そっちよりこっちの方が空いてるぞ」などの指示はやめてください。
**田村さん** （笑いながら）親切で言ってるだけだぞ。
**担当記者** それは分かりますが、全体を見渡して指示を出すのが捕手っぽいんですよ。こっちが緊張するからやめてください。高速の出口が渋滞している時、渋滞の先頭近くギリギリまで行ってからの合流指示もやめてください。

**田村さん** ギリギリじゃないだろう。もう少し先で合流してもいいんじゃないかと、提案してるだけだぞ（ずっと笑っている）。

**担当記者** いや、田村さんの圧が強いんですよ。私は田村さんのようにメンタル強くありません。普通に列の後尾に並べばいいんです。急いでるわけでもないですし。

**田村さん** いいよ、じゃあ、今度からそうしよう。

**担当記者** それから……。

**田村さん** まだあるのか！

**担当記者** まだまだあります。言おうと思って準備してきましたから。次は傘問題です。傘問題は根深いです。

**田村さん** 傘ね、傘……。

**担当記者** きちんとスーツ、ネクタイでキャンプ地を回る田村さんが雨を気にするのは分かりますが、2月の沖縄は雨が降るって分かってるんですから、ビニール傘は事前に用意するか、折り畳み傘を持参してください。

**田村さん** 了解。

**担当記者** 去年も一昨年も、最後は空港でビニール傘を私のレンタカーに放置していきましたが、そういうことはないようにしてください。自分の傘は自分で持ち帰る。普通のことです。

**田村さん** 気をつけます。

と、まあ、重箱の隅をつつくかのように細かい注意事項を伝え、田村さんとの３年目のキャンプ取材はスタート。若手記者だった１９９２年、日本ハムファイターズの担当記者として、初めて田村さんにお目にかかってから、折りに触れて野球を中心にいろいろ教えていただきました。記者も月日を経て、初対面のころとは、かなり砕けた雰囲気で話ができるようになりました。

縁あって、田村さんが日刊スポーツ新聞社の評論家になられてからは、私が主にネット記事「田村藤夫のファーム・リポート」を担当してきました。緻密な分析力と、広い視野で二軍の選手を解説するコーナーは、１８０回（２０２４年６月時点）の連載を続けてきました。

その中で、２月のキャンプ取材では普段は見ない一軍の練習も回るようになりました。冒頭のやりとりは、さあ、沖縄キャンプにこれから臨もうというレンタカー内でのことです。

田村さんに敬意が感じられないと憤る読者の方もいらっしゃるかと思いますが、こうしたやりとりはキャンプ取材では何度かありました。私からすれば、他の評論家とではあり得ない会話として、とても新鮮でした。

そして、こうしたやりとりを、包み隠さず会社の後輩記者に打ち明けたところ、

思いがけずも「田村さんの本を出版してはどうですか」と勧められました。まさかの展開に私が怖じ気づくと、「評論家・田村さんの本が出版できるとしたら、今回しか機会はないと思います。やるならば今しかありませんし、それは田村さんにとっても、ご家族にとっても絶対に意味があることだと思います」と、追い打ちをかけられました。

それを田村さんに相談すると、いつものように淡々と「たとえ俺の本を出すことができたとして、売れるのか？　周囲に迷惑をかけないか？」といたって冷静な反応でした。当の本人は全体を俯瞰して沈着冷静、まるで試合中の捕手・田村藤夫そのままです。そして記者数人は強く私の背中を押す。不思議な構図の中で、本の制作がスタートするに至りました。

そこからは「思い出してください」「思い出せないよ」の不毛なやりとりの繰り返し。それでもなんとか、1本の頼りなくもすがるしかない切れそうな糸を手繰り寄せ、ここまで辿り着くことができました。ひとえに、ベースボール・マガジン社の編集担当・松井進作さん、その間に入ってくださった北海道日本ハムファイターズの高山通史さんのご尽力のおかげです。

この場を借りて、深くお礼を申し上げます。

井上　眞

| 盗塁 | 盗塁刺 | 犠打 | 犠飛 | 四球計 | 故四 | 死球 | 三振 | 併殺打 | 打率 | 長打率 | 出塁率 |
|---|---|---|---|---|---|---|---|---|---|---|---|
| 0 | 0 | 0 | 0 | 0 | 0 | 0 | 0 | 0 | .000 | .000 | .000 |
| 0 | 1 | 1 | 0 | 6 | 0 | 0 | 6 | 1 | .308 | .462 | .357 |
| 1 | 0 | 4 | 2 | 4 | 0 | 0 | 10 | 2 | .271 | .329 | .311 |
| 0 | 1 | 3 | 1 | 17 | 0 | 3 | 18 | 6 | .272 | .429 | .341 |
| 0 | 2 | 7 | 2 | 36 | 2 | 5 | 52 | 7 | .286 | .396 | .361 |
| 4 | 0 | 5 | 5 | 34 | 1 | 4 | 78 | 11 | .274 | .438 | .325 |
| 5 | 2 | 5 | 0 | 37 | 2 | 2 | 70 | 20 | .275 | .394 | .333 |
| 4 | 3 | 7 | 5 | 30 | 1 | 3 | 79 | 15 | .248 | .362 | .296 |
| 5 | 7 | 10 | 1 | 28 | 1 | 3 | 73 | 5 | .249 | .413 | .307 |
| 3 | 2 | 9 | 1 | 35 | 0 | 3 | 54 | 7 | .244 | .405 | .333 |
| 4 | 1 | 15 | 3 | 32 | 1 | 2 | 56 | 6 | .246 | .389 | .313 |
| 0 | 1 | 19 | 2 | 47 | 1 | 0 | 72 | 10 | .243 | .359 | .332 |
| 6 | 6 | 20 | 2 | 45 | 0 | 5 | 85 | 4 | .257 | .334 | .338 |
| 3 | 2 | 15 | 5 | 43 | 0 | 0 | 77 | 6 | .232 | .334 | .318 |
| 0 | 0 | 13 | 1 | 26 | 0 | 1 | 31 | 8 | .186 | .244 | .304 |
| 0 | 1 | 22 | 1 | 30 | 0 | 1 | 53 | 2 | .166 | .213 | .294 |
| 0 | 0 | 3 | 0 | 3 | 0 | 0 | 5 | 1 | .240 | .240 | .321 |
| 35 | 29 | 158 | 31 | 453 | 9 | 32 | 819 | 111 | .252 | .374 | .324 |

| 盗塁阻止率 |
|---|
| 1.000 |
| .304 |
| .368 |
| .316 |
| .341 |
| .427 |
| .359 |
| .465 |
| .380 |
| .333 |
| .355 |
| .292 |
| .343 |
| .257 |
| .390 |
| .197 |
| .091 |
| .342 |

▷**ベストナイン**（1993年）

▷**ゴールデン・グラブ賞**（1993年）

▷**サイクル安打**（1989年10月1日／ダイエー戦＝平和台）

# 田村藤夫の年度別成績&主なタイトル

## 年度別打撃成績

| 年度 | 所属 | 試合 | 打席 | 打数 | 得点 | 安打 | 二塁打 | 三塁打 | 本塁打 | 塁打 | 打点 |
|---|---|---|---|---|---|---|---|---|---|---|---|
| 1981 | 日本ハム | 1 | 1 | 1 | 0 | 0 | 0 | 0 | 0 | 0 | 0 |
| 1982 | 日本ハム | 37 | 85 | 78 | 9 | 24 | 7 | 1 | 1 | 36 | 10 |
| 1983 | 日本ハム | 40 | 80 | 70 | 6 | 19 | 1 | 0 | 1 | 23 | 6 |
| 1984 | 日本ハム | 77 | 215 | 191 | 24 | 52 | 10 | 1 | 6 | 82 | 26 |
| 1985 | 日本ハム | 104 | 386 | 336 | 45 | 96 | 10 | 0 | 9 | 133 | 45 |
| 1986 | 日本ハム | 130 | 516 | 468 | 53 | 128 | 20 | 0 | 19 | 205 | 56 |
| 1987 | 日本ハム | 125 | 498 | 454 | 49 | 125 | 16 | 1 | 12 | 179 | 60 |
| 1988 | 日本ハム | 129 | 501 | 456 | 42 | 113 | 18 | 2 | 10 | 165 | 35 |
| 1989 | 日本ハム | 123 | 408 | 366 | 35 | 91 | 23 | 2 | 11 | 151 | 45 |
| 1990 | 日本ハム | 106 | 327 | 279 | 36 | 68 | 14 | 2 | 9 | 113 | 33 |
| 1991 | 日本ハム | 122 | 386 | 334 | 36 | 82 | 11 | 2 | 11 | 130 | 38 |
| 1992 | 日本ハム | 116 | 413 | 345 | 36 | 84 | 11 | 1 | 9 | 124 | 35 |
| 1993 | 日本ハム | 129 | 473 | 401 | 37 | 103 | 14 | 1 | 5 | 134 | 40 |
| 1994 | 日本ハム | 116 | 386 | 323 | 30 | 75 | 12 | 3 | 5 | 108 | 38 |
| 1995 | 日本ハム | 80 | 197 | 156 | 9 | 29 | 6 | 0 | 1 | 38 | 9 |
| 1996 | ロッテ | 95 | 223 | 169 | 17 | 28 | 5 | 0 | 1 | 36 | 8 |
| 1997 | ダイエー | 22 | 31 | 25 | 3 | 6 | 0 | 0 | 0 | 6 | 2 |
| 通算 | | 1552 | 5126 | 4452 | 467 | 1123 | 178 | 16 | 110 | 1663 | 486 |

## 年度別守備成績

| 年度 | 所属 | 守備位置 | 試合 | 守備機会 | 刺殺 | 補殺 | 失策 | 併殺 | 捕逸 | 守備率 | 盗塁刺 |
|---|---|---|---|---|---|---|---|---|---|---|---|
| 1981 | 日本ハム | 捕手 | 1 | 3 | 2 | 1 | 0 | 0 | 0 | 1.000 | 1 |
| 1982 | 日本ハム | 捕手 | 36 | 166 | 151 | 13 | 2 | 3 | 4 | .988 | 7 |
| 1983 | 日本ハム | 捕手 | 38 | 129 | 116 | 11 | 2 | 1 | 1 | .984 | 7 |
| 1984 | 日本ハム | 捕手 | 71 | 341 | 300 | 38 | 3 | 12 | 2 | .991 | 24 |
| 1985 | 日本ハム | 捕手 | 101 | 655 | 601 | 49 | 5 | 11 | 8 | .992 | 31 |
| 1986 | 日本ハム | 捕手 | 128 | 871 | 791 | 74 | 6 | 7 | 9 | .993 | 35 |
| 1987 | 日本ハム | 捕手 | 124 | 865 | 779 | 75 | 11 | 14 | 4 | .987 | 37 |
| 1988 | 日本ハム | 捕手 | 129 | 959 | 874 | 75 | 10 | 18 | 5 | .990 | 40 |
| 1989 | 日本ハム | 捕手 | 123 | 770 | 702 | 65 | 3 | 16 | 4 | .996 | 30 |
| 1990 | 日本ハム | 捕手 | 105 | 656 | 609 | 46 | 1 | 10 | 7 | .998 | 20 |
| 1991 | 日本ハム | 捕手 | 121 | 633 | 565 | 61 | 7 | 9 | 3 | .989 | 27 |
| 1992 | 日本ハム | 捕手 | 116 | 746 | 687 | 56 | 3 | 5 | 3 | .996 | 26 |
| 1993 | 日本ハム | 捕手 | 129 | 880 | 807 | 71 | 2 | 17 | 3 | .998 | 34 |
| 1994 | 日本ハム | 捕手 | 114 | 724 | 669 | 53 | 2 | 9 | 7 | .997 | 18 |
| 1995 | 日本ハム | 捕手 | 75 | 438 | 392 | 41 | 5 | 8 | 2 | .989 | 23 |
| 1996 | ロッテ | 捕手 | 95 | 532 | 492 | 37 | 3 | 5 | 4 | .994 | 14 |
| 1997 | ダイエー | 捕手 | 21 | 77 | 73 | 4 | 0 | 0 | 0 | 1.000 | 1 |
| 通算 | | | 1527 | 9445 | 8610 | 770 | 65 | 145 | 66 | .993 | 375 |

Profile

# 田村藤夫

（たむら・ふじお）

1959年10月24日生まれ。千葉県出身。関東第一高から1978年（77年秋のドラフト）に日本ハムファイターズに6位指名で入団。強肩と堅実なキャッチングに加え、勝負強いバッティングも光り、86年から4年連続で2ケタ本塁打をマーク。93年はベストナイン、ゴールデン・グラブ賞も獲得した。96年からはロッテ、97年はダイエーでプレー。98年限りで現役引退。その後はダイエー、日本ハム、中日、阪神、ソフトバンクなどでコーチを務めた。現在は野球評論家として、日刊スポーツ新聞社で「ファーム・リポート」を連載中。

# マスク越《ご》しに見《み》た
# パ・リーグ最強《さいきょう》の猛《も》者《さ》たち

2024年7月31日　第1版第1刷発行

著　　者　田村藤夫《たむらふじお》
発 行 人／池田哲雄
発 行 所／株式会社ベースボール・マガジン社
〒103-8482
東京都中央区日本橋浜町2-61-9 TIE浜町ビル
電　　話　03-5643-3930（販売部）
　　　　　03-5643-3885（出版部）
振替口座　00180-6-46620
https://www.bbm-japan.com/

印刷・製本／共同印刷株式会社


ISBN 978-4-583-11664-8 C0075